青少年太空探索

东有启明
中国古代天文学家

王洪鹏　韦中燊　著

宁晓宏　绘

天地玄黄，宇宙洪荒。
日月盈昃，辰宿列张。
寒来暑往，秋收冬藏。
闰余成岁，律吕调阳。

——出自〔南北朝〕《千字文》，《千字文》以天文开篇，展现了我国古代对天文观测的重视和中华民族的宇宙观。

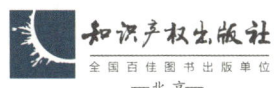

知识产权出版社
全国百佳图书出版单位
—北京—

图书在版编目（CIP）数据

东有启明：中国古代天文学家 / 王洪鹏，韦中燊著；宁晓宏绘. — 北京：知识产权出版社，2023.12

（青少年太空探索科普丛书.第3辑）

ISBN 978-7-5130-9008-7

Ⅰ.①东… Ⅱ.①王… ②韦… ③宁… Ⅲ.①天文学家–生平事迹–中国–古代–青少年读物 Ⅳ.① K826.14-49

中国国家版本馆 CIP 数据核字（2023）第 238766 号

内容简介

　　本书讲述了张衡、祖冲之、僧一行、沈括、郭守敬、朱载堉、徐光启等中国古代天文学家奋发有为的励志故事，对我国古代的历法授时、天文仪器制造、天象观测与记录、二十四节气、天文大地测量等进行了深入浅出的讲解，展现了中国古人利用天文观测指导农业生产的智慧。

项目总策划： 徐家春

责 任 编 辑： 徐家春　　　　　　**执 行 编 辑：** 赵蔚然

版 式 设 计： 索晓青　张国仓　　**责 任 印 制：** 孙婷婷

青少年太空探索科普丛书（第 3 辑）

东有启明——中国古代天文学家
DONG YOU QIMING——ZHONGGUO GUDAI TIANWENXUEJIA

王洪鹏　韦中燊　著

出版发行：	知识产权出版社 有限责任公司	网　　址：	http://www.ipph.cn
电　　话：	010-82004826		http://www.laichushu.com
社　　址：	北京市海淀区气象路 50 号院	邮　　编：	100081
责编电话：	010-82000860 转 8573	责编邮箱：	823236309@qq.com
发行电话：	010-82000860 转 8101	发行传真：	010-82000893
印　　刷：	北京中献拓方科技发展有限公司	经　　销：	新华书店、各大网上书店
开　　本：	787mm×1092mm 1/16	印　　张：	10.75
版　　次：	2023 年 12 月第 1 版	印　　次：	2023 年 12 月第 1 次印刷
字　　数：	172 千字	定　　价：	69.80 元

ISBN 978-7-5130-9008-7

出版权专有　侵权必究

如有印装质量问题，本社负责调换。

青少年太空探索科普丛书（第3辑）编辑委员会

顾　　问：欧阳自远　中国科学院院士
　　　　　　　　　　中国月球探测工程首任首席科学家

主　　编：刘　超
专家委员：焦维新　鲍建中　张婷玉　郑　欣　李　良
　　　　　梅　林　郑建川　曾跃鹏　王洪鹏　韦中燊
　　　　　余　恒　孙正凡
委　　员：王洪鹏　余　恒　白　欣　刘树勇　高淮生
　　　　　吉　星　张紫熙　贾　睿　吴　芳　王依兵

总 序

把科学精神写在祖国大地上

习近平总书记指出:"科技创新、科学普及是实现创新发展的两翼,要把科学普及放在与科技创新同等重要的位置。没有全民科学素质普遍提高,就难以建立起宏大的高素质创新大军,难以实现科技成果快速转化。"党的十八大以来,党中央高度重视科技创新、科学普及和科学素质建设,全面谋划科技创新工作,有力推动科普工作长足发展,科普工作的基础性、全局性、战略性地位更加凸显,全民科学素质建设的保障功能更加彰显。

新时代新征程,科普工作要把培育科学精神贯穿培根铸魂、启智增慧全过程,使创新智慧充分释放、创新力量充分涌流,为推动我国加快建设科技强国、实现高水平科技自立自强提供强大的智力支持。

要讲好科学故事

党的十八大以来,党中央坚持把创新作为引领发展的第一动力,我国的科技事业实现历史性变革、取得历史性成就。中国空间站转入应用与发展阶段,"嫦娥"探月,"天问"探火,"羲和"逐日……这些工程在国内外产生了巨大影响。现在,我国经济总量上升到全球第二位,科学技术、文化艺术位居世界前列,正在向第二个百年奋斗目标奋勇前进。

在全面蓬勃发展的大好形势下,加强对青少年的科学知识普及,更好地激发他们热爱祖国、热爱科学、为国家科技腾飞而努力学习的远大理想,是当前的重要任务。科普工作者要紧紧围绕国家大局,用事实说话,用数据说话,讲清楚科技领域的中国方案、中国智慧,为服务经济社会发展、加快科技强国建设提供强大力量。要讲明白我国科技发展的过去、现在和未来。任何科技成就的取得都不是一蹴而就的,中华文明绵延数千年,积累了丰富的科技成果,这是我们宝贵的文化遗产。今天的我们要讲清楚中华文明的"根"与"源",讲明白"古"与"今"技术进步的一脉相承,讲透彻中国人攀登科学高峰时不屈不挠、团结奉献的品格。

要弘扬科学精神

在中国共产党领导下,我国几代科技工作者通过接续奋斗铸就了"两弹一星"精神、西迁精神、载人航天精神、科学家精神、探月精神、新时代北斗精神等,这些精神共同塑造了中国特色创新生态,成为支撑基础研究发展的不竭动力,助力中华民族实现从站起来到富起来,再到强起来的伟大飞跃。

科学成就的取得需要科学精神的支撑。弘扬科学精神,就是要用科学精神

总　序

感召和鼓舞广大青少年，引导青少年牢固树立为国家科技进步而奋斗的学习观，自觉将个人成长融入祖国和社会的需要之中，在经风雨中壮筋骨，在见世面中长才干，逐渐成长为可以担当民族复兴重任的时代新人。

要培育科学梦想

好奇心是人的天性，是提升创造力的催化剂。只有呵护孩子的好奇心，激发孩子的求知欲望，为孩子播下热爱科学、探索未知的种子，才能引导他们勇于创新、茁壮成长，在未来将梦想变成现实。

科普工作要主动聚焦服务"双减"背景下的中小学素质教育，鼓励青少年主动学习科学知识、积极探究科学奥秘。要遵循青少年身心发展规律和对知识的接受规律，帮助青少年开拓视野，增长知识。更重要的是，要注重传授正确的学习方法，帮助孩子树立正确的科学思维，让孩子在快乐体验中学以致用，获得提高。

我们欣喜地看到，知识产权出版社在科普出版中做了有益尝试，取得了丰硕成果。在出版科普图书的同时，策划、组织、开展了一系列的公益科普讲座、科普赠书等活动，得到广大青少年、老师家长、业内专家、主流媒体的认可。知识产权出版社策划的青少年太空探索系列科普图书，从不同角度为青少年介绍太空知识，内容生动，深入浅出，受到了读者欢迎。

即将出版的"青少年太空探索科普丛书(第3辑)",在策划、出版过程中呈现出诸多亮点。丛书紧密聚焦我国航天领域的尖端科技,极大提升了中华儿女的民族自豪感;在讲解知识的同时,丛书也非常注重对载人航天精神和科学家精神的弘扬,努力营造学科学、爱科学、用科学的社会氛围;丛书在深入挖掘中华优秀传统文化方面做了有益尝试,用新时代的语言和方式,讲清楚中国人的宇宙观,讲好中国人的飞天梦、航天梦、强国梦,推进中华优秀传统文化创造性转化、创新性发展;同时,丛书充分发挥普及科学知识、传播科学思想、倡导科学方法、弘扬科学精神的作用,努力提升青少年读者的科学素养和全社会的科学文化水平。

"航天梦是强国梦的重要组成部分"。当前,我国航天事业发展日新月异,正向着建设航天强国的伟大梦想迈进。"青少年太空探索科普丛书(第3辑)"体现了出版人在加强航天科普教育、普及航天知识、传播航天文化过程中的使命与担当,相信这套丛书必将以其知识性、专业性、趣味性、创新性得到广大读者的喜爱,必将对激发全民尤其是青少年读者崇尚科学、探索未知、敢于创新的热情产生深远影响。

欧阳自远

2023年10月31日

出版说明

党的二十大报告指出："全面建设社会主义现代化国家，必须坚持中国特色社会主义文化发展道路，增强文化自信，围绕举旗帜、聚民心、育新人、兴文化、展形象建设社会主义文化强国。"出版工作的本质是文明传播和文化传承，在服务国家经济社会发展，助力文化自信，构建中华民族现代文明进程中肩负基础性作用，使命光荣，责任重大。

知识产权出版社始终坚持社会效益优先，立足精品化出版方向，经过四十多年发展，现已形成多学科、多领域共同发展的格局。在科普出版方面，锻造了一支有情怀、有创造力、有职业精神的年轻出版队伍，在选题策划开发、图书出版、服务社会科普能力建设等方面做出了突出成绩，取得了较好的社会效益。以"青少年太空探索科普丛书"为例，我们在"十二五""十三五""十四五"期间，分别策划了第1辑、第2辑和第3辑，每辑均为10个分册，共计30册，充分展现了不同阶段我国航天事业的辉煌成就，陪伴孩子们健康成长。

"青少年太空探索科普丛书（第3辑）"是我社自主策划选题的一次成功实践。在项目策划之初，我们就明确了定位和要求，要将这套丛书做成展现国家航天成就的"欢乐颂"、编织宇宙奇幻世界的"梦工厂"、陪伴读者快乐成长的"嘉年华"，策划编辑团队要在出版过程中赋予图书家国情怀、科学精神、艺术底色，展现中国特色、世界眼光、青年品格。

本书项目组既是特色策划型，又是编校专家型，同时也是编印宣综合型。在选题、内容、形式等方面体现创新，深入参与书稿创作，一体推动整个项目的质量管理、进度管理、创新管理、法务管理等。

项目体量大、要求高，各项工作细致繁复，在策划、申报、出版各环节，遇到诸多挑战。但所有的困难都成为锻炼我们能力的契机。我们时刻牢记国家出版基金赋予的光荣与梦想，心怀对读者的敬意，以"能力之下，竭尽所能"的忘我精神，以"天下难事，必作于易；天下大事，必作于细"的工匠精神，逐一落实，稳步推进，心中的那道光始终指引我们，排除万难，高歌前行。

感谢国家出版基金对本套丛书的资助，感谢中国科学技术馆、哈尔滨工业大学、北京师范大学、深圳市天文台、北京天文馆、郭守敬纪念馆、北京一片星空天文科普促进中心等单位对本套丛书的大力支持，感谢国家天文科学数据中心许允飞等对本套丛书提供的无私帮助，感谢张凤霞老师、王广兴等对本套丛书给予的帮助。

希望这套精心策划的丛书能够得到读者的喜爱，我们也将始终不忘初心，继续为担当社会责任、助力文化自信而埋头奋进。

知识产权出版社党委书记、董事长、总编辑　刘　超

2023 年 12 月 4 日

前 言

中国的天文学研究有着非常悠久的历史，甲骨文上就有关于日食等天文现象的详细记载。《尚书·尧典》记载："乃命羲和，钦若昊天，历象日月星辰，敬授人时。"说明在帝尧时期已经有了专职的天文官从事观象授时。随后历朝都有专司天象观测的机构，如钦天监等。作为世界上现存最早的天文著作之一的《甘石星经》，成书的时间已经是两千五百多年以前了。

历史久远的《竹书纪年》中有这样一条记载："懿王元年，天再旦于郑。""天再旦"其实是一场集天时地利于一身的日食现象，在清晨太阳将要升起的时候正好发生了日全食，太阳光被遮住，导致刚亮的天空再次陷入黑暗，几分钟后，日食结束，太阳重新出现升起。整个过程就像是天亮了两次一样。

现代学者通过理论研究建立了描述日出时日食造成的天光视亮度变化的数学方法，得出公元前899年4月21日的日食可以在西周郑地造成"天再旦"现象，并且是唯一的一次。1997年新疆北部也发生了一次位于凌晨的日食，引得众多天文学家和天文爱好者前去观测，正是这次日全食，让人们再次确认了《竹书纪年》中"天再旦"描述的准确性，最终确定了懿王元年即是公元前899年。

中国拥有世界上最全、最完整且最详细的天文观测记录，这是中国对世界天文学发展的重大贡献之一。中国古代天文学的辉煌成就，值得我们用心研究，不断传承和发扬。

悠久的历史中，涌现出很多优秀的天文学研究者，正是他们的智慧和努力付出，推动了中国古代天文学不断地向前发展，并始终保持着很多方面的世界领先。

这本书里面介绍的古代天文学家，都是在中国古代天文学发展历史上发挥了重要作用的人，他们或许有着各种不同的身份，有和尚、有道士、有官员，还有普通的百姓，但是他们都从各自的角度为中国古代天文学的发展贡献了智慧和汗水。介绍这些古代天文学家的目的，一来是让大家知道我们的国家不仅文化有着悠久的传承，在科技方面同样也是如此；二来也是希望大家能够从古人的成长过程中汲取养料，学习他们的研究方法，学习他们的精神品质。

  时代发展到了今天，我们在航空航天领域取得了很多令世人瞩目的成就，在很多方面引领时代的发展。作为未来事业的接班人和建设者，年轻的朋友们除了掌握足够的知识和本领之外，最重要的一点就是要有一颗传承之心。我们的任何创新，绝对不是凭空而来的，创新的基础来自传承，传承其实并不是墨守成规，不是照搬老祖宗的做法、不敢越雷池一步。传承中的创新，是不忘初心，不忘为中华民族伟大复兴贡献一切的初心。我们希望从科技史的视角，用科普的语言，提供给大家的这些内容能够起到积极的作用，能激发起大家研究天文学的兴趣。或许，你就是未来的一位天文学大家呢！

目 录

一 传说时代的观测大家
　　——重黎与羲和 ………………………………………… 2

二 领先世界的璀璨星辰
　　——甘德与石申 ………………………………………… 8

三 数术穷天地，制作侔造化
　　——张 衡 ……………………………………………… 14

四 观乎六艺群书，精研天文历法
　　——刘 洪 ……………………………………………… 24

五 我国最早发现岁差的天文学家
　　——虞 喜 ……………………………………………… 30

六 学问好做官难当
　　——何承天 ……………………………………………… 36

七 目尽毫厘，心穷筹策
　　——祖冲之 ……………………………………………… 42

八 学艺博通，尤精历数
　　——张子信 ……………………………………………… 52

九 博学通儒，无出其右
　　——刘 焯 ……………………………………………… 56

十 世界上第一个给风定级的人
　　——李淳风 ……………………………………………… 64

十一 《开元占经》的编著者
　　——瞿昙悉达 …………………………………………… 74

十二 身披袈裟的天文学家
　　——僧 一行 …………………………………………… 78

东有启明 —— 中国古代天文学家
青少年太空探索科普丛书（第3辑）

十三　**尚书御史翰林第，将相公侯观天文**
　　——苏　颂..................................88

十四　**中国科学史中的卓越人物**
　　——沈　括..................................96

十五　**学究天人的大科学家**
　　——郭守敬..................................102

十六　**爱科学不爱王位的天文学家**
　　——朱载堉..................................110

十七　**中西文化交流的先驱之一**
　　——徐光启..................................118

十八　**中西融合的睿智者**
　　——王锡阐..................................124

十九　**足行万里书万卷，尝拟雄心胜丈夫**
　　——王贞仪..................................128

二十　**荟萃中西之说，贯通古今科技**
　　——邹伯奇..................................134

附录一　**钦天监正，通玄教师**
　　——汤若望..................................138

附录二　**唯一去世后享有谥号的传教士**
　　——南怀仁..................................142

附录三　**创意长页：走进二十四节气**..................................147

附录四　**编辑及分工**..................................149

一 传说时代的观测大家
——重黎与羲和

重黎观"火"的职责

关于重黎的传说，比羲和还要早些。除了《史记·天官书》中的记载，《尚书》中也有记载："重黎之后羲氏和氏，世掌天地四时之官。"或许，可把重黎看成中国的天文之祖。在古代典籍中，对重黎的记载颇多，其中最有趣的记载是，在颛顼（zhuānxū）之时，出现了"绝地天通"的局面。这大概是说，天与地之间的通道被断绝了，再不会上演"嫦娥奔月"的场景了。这在《国语》中的记载是，颛顼"命南正重司天以属神，命火正黎司地以属民"。这样，重任"南正"专管天神的事情，黎任"火正"专管地上百姓的事情了。

南正重的职责很重要。这里"南正"的意思是南方正中的天，也叫"上中天"❶。重的职责是观测太阳位于上中天的准确时刻。观测这个时刻太阳的目的是精确地确定正南的方向，进而定东、西的方向以及正北的方向；另外定出中午时刻，即午时，这是白昼的等分点。借助表竿的投影，还可根据极端影长定出夏至和冬至，进而为划分季节提供依据，再进而编制出历法。

❶ 天体通过子午圈叫"中天"，天体每天有两次过中天，位置达到最高的叫上中天，位置达到最低的叫下中天。

黎的职位为什么叫"火正"呢？有一种说法是，火正的职责是观测"大火"（心宿二），当每年"大火"出现在东方之时，便是应该播种之时，而火正黎就负责观测"大火"的天象变化，并宣布农时，他也就成为一个管理农事活动的司官了，即"司地以属民"。如此重要的职责，使"大火"和"火正"的重要性凸显出来。在许多典籍中都出现了"大火"。例如，《夏小正》中就有"五月初昏，大火中"。当"大火"居中时，就进入五月了。更加有名的是《诗经》中的"七月流火"，这里的"流"是"移动"的意思，"大火"不居正中了，而是偏离正中的位置西行，就进入了七月，也标志着秋季的开始，天气要转凉了。这里的"七月"是指农历的七月，相当于公历的8月或9月。可见，观测"大火"之重要意义。或者，反过来，由于火的重要性，人们才把这个重要的星（心宿二）命名为"火"或"大火"。

世界知名的羲和

羲和是我国传说时代最有名的天文人物，民间常常把他称为日神。在司马贞为《史记》所作的索引中记载："黄帝使羲和占日，常仪占月，臾区占星气，伶伦造律吕，大桡作甲子，隶首作算数，容成综此六术，而著《调历》"。从这段话中可以看到，在黄帝的时代"英雄辈出"，有一些人的日常工作是做天文历法或与天文历法相关的工作（如算数），并明确指出，当时被任命专门观测太阳的官员就是羲和，观测月亮的官员就是常仪。

《尚书·尧典》中对羲和的责任记载得更加明确，即"乃命羲和，钦若昊天，历象日月星辰，敬授人时"。在这里的"羲和"是两人，也可能是两个家族，分别名为"羲"与"和"。当然，由于都从事天文观测，也常常把他们当作一人或一个家族看待。他们应该世代负责天文观测和编制历法的工作。这本书中还写道："分命羲仲，宅嵎夷，曰旸谷。……羲叔，宅南交，曰明都。……和仲，宅西，曰昧谷。……和叔，宅朔方，曰幽都。"注意，这里的"仲"和"叔"是排行的意思，就是排行第二和第三。看样子，初期的"羲和"应该是4个人。他

■ 命官授时图

出自清代《钦定书经图说》。

们被分派到东、西、南、北 4 个方向，在 4 个地点分别实施观测太阳的工作，并且还要观测 4 个"中星"。这些"中星"分别被命名为"星鸟""星火""星虚"与"星昴"。借助这 4 个"中星"来确定 4 个季节，即春、夏、秋、冬。在《尧典》中还确定了一个回归年的长度，即："帝曰：'咨！汝羲暨和。期三百有六旬有六日，以闰月定四时，成岁。'""定四时"，即确定 4 个季节。可见，羲氏与和氏还要参与编制历法的工作。

羲与和负责天文历法的工作，这些职责到夏代时仍然没有变化。在《尚书》中还记载有羲和"沉乱于酒"而失职的事情。一次，在发生日食之时，羲和由于醉酒而未能及时报告，引起了社会混乱。从天文事件上看，在黄帝的时代，人们已很重视日食的观测，或许这是我国最早的一次有关日食的记载。在别的古籍中也有类似的记载。

由于羲和负责天文历法的工作，又是 4 000 多年前的"天文官"，这多少使天文工作除了带有神秘性，还有些神圣的色彩，他们也受到后人的推崇，甚至是敬仰。在西汉与东汉的"狭缝"之中有过一个短暂的"新朝"，只有一任皇帝，他就是王莽。在他当上新朝的皇帝之后就搞"托古改制"，其中就把"太史令"的官称改为了"羲和"。这当然是要显示这个官职的神圣性。羲和也就理所当然地成为包括诗歌在内的文学作品的写作对象。例如，在《天问》中，楚国大夫屈原写道："羲和之未扬，若华何光？"意思是说，羲和还未扬起鞭子，太阳之神也未开动起车子，为什么那些神奇的花就开放了呢？在社会不断发展中，羲和被描述成半神半人的形象。

与羲和类似，常羲是与月亮有关的神祇（qí），后来演变成常仪，再演变成著名的嫦娥。由于神话也是不断演变的，且为了"凑数"，传说远古时期天上有 10 个太阳、12 个月亮，或许 10 个天干、12 个地支也与此有关；并且把 10 个天干与 12 个地支适当组合，又形成了"六十甲子"。利用"甲子"进行排序，又出现了干支纪年、干支纪月、干支纪日、干支纪时，以记载年月日时。例如，2022 年是壬寅年（虎年），这一年的端午节是公历 6 月 3 日、农历五月初五，而

■ 羲和酒荒图

出自清代《钦定书经图说》。

6　东有启明——中国古代天文学家

用干支纪日则为丙午月丁亥日。由此可见，远古时期的神话隐含着今天仍然在使用的历法——农历，可用以提示农事活动和民间节日的安排。这些节日也往往与某些祭祀活动的开展相关。

说到用天干与地支"合成"的六十甲子，这是一种古老的"六十进制"。类似地，在古巴比伦也有六十进制，今天测量和计算角度与时间的量值也在使用六十进制。西亚一带的古巴比伦人和生活在东亚一带的华夏人，他们的智慧都迸发出火花，都想到并使用了六十进制，是一种默契的巧合。在中国，干支纪年还带有一种神圣色彩，并且在今天仍流行的农历之中依然在使用。可见，羲和、常羲当年的工作成果依然在中华文明发展中发挥着作用。

最后，再说说羲和的国际名声，特别是二人因为醉酒误事的故事。在法国有一位科普大作家，名叫卡米伊·弗拉马里翁（1842—1925年）。他写的《大众天文学》是科普名著。在《大众天文学》中也记载了羲和醉酒误事的故事。弗拉马里翁写道："我们认为，有记载的最早的日食，发生于公元前2137年10月22日，这一记载是从中国的古书中找到的。据说，当时的御前天文学家羲、和两人沉湎于酒，忽略了天象，严重地怠荒了职务，没有事前预告，使人准备，以致在日食发生的时候，射者不执箭，乐人不击鼓，去恐吓恶魔叫它吐出所吞食的太阳，虽然太阳并没有被恶魔食掉，可是惊魂未定的中国皇帝却把羲、和处死了。"

弗拉马里翁还记下了一位名叫米切耳的天文学家的话。米切耳说："所以从那时以后，每逢日食，没有一位天文学家敢沉湎于酒！"这其实是说，天文学观测者在进行观测时要认真仔细，对于其他人来说，工作时也要认真，不要粗心大意，更不能"沉湎于酒"啊！

二 领先世界的璀璨星辰
——甘德与石申

■ 月球上的石申环形山

在月球表面分布着许多陨石坑，也被称为"环形山"。按照国际上的惯例，为了纪念为天文事业作出贡献的科学家，会用他们的名字分别命名一些环形山。在月球上有一座环形山就被命名为"石申环形山"。

甘德与石申的事迹

根据史料记载，先秦有两位重要的天文学家，他们是甘德和石申。他们的生卒年已难以知晓，但都生活在战国时代，大约公元前4世纪。

甘德是齐国的天文学家和占星家，他编制出世界上最古老的星表，也是"木卫三"的最早发现者。据说，甘德测定了118个星官、511颗恒星的位置，他还著有《天文星占》（八卷）和《岁星经》等书。

石申，又名石申父、石申夫或石申甫，他生活的年代要晚于甘德，是魏国的天文学家和占星家，曾系

统地观察了金、木、水、火、土五大行星的运行，经过长期观测、详细考核，他测出星官121个、恒星809颗。石申著有《天文》（八卷）。

甘德与石申记下的星位

远古时期的星象记录比较混乱，也缺少定量的记述。为此，甘德和石申都想到，应该对恒星作细致的观测和定位，并且结合前人的观测记录，综合成一份更加完整和更加全面的记录，即星表（星图）。在整理这些观测记录之时，他们各自将全天空划分为若干个区域，古人名之为"星官"❶。什么叫"星官"呢？唐代史学家司马贞（字子正，679—732年，今河南省沁阳市人）说："官者，'星官'也。星座有尊卑，若人之官曹列位，故曰天官。"也就是把天空中的恒星划分为若干组（"星官"），在不断精确地测定了恒星的位置之后，借助这些恒星形成的背景就可以精确地描述星体（如彗星和行星等）的位置和移动情况。甘德和石申还首次利用坐标（类似于今天使用的极坐标）的方法来描述恒星的位置。

《天文星占》与《天文》都是对天文研究有很高科学价值的文献，在中国和世界天文学史上都占有重要地

---

❶ 星官是指单颗恒星或多颗恒星的组合。如今西方星座的定义是按照赤经赤纬切割出的特定的天区，是"面"的概念，二者并不等同。

位。甘德、石申二人的星表中内容重复的不多，后人把二人的星表合起来，并名之为《甘石星经》，用起来就方便了。从此，说到先秦的星表，就统称"甘石星表"，甚至说到甘德、石申的观测和研究工作，大多时候也不再区分。

后人的很多工作也是在甘德、石申工作的基础上开展的，如天区的划分就按照甘德、石申的划分。三国时吴国的太史令（相当于国家天文台台长）陈卓整理古代星表时，吸收了甘德、石申的星表，并且吸收了另一位更早的占卜师巫咸的星表，将三人的星表合在一起，这样，总合起来，共283个星官。这283个星官中，甘德的星官118个，石申的星官121个，另有巫咸的星官44个。这就形成了一份划分天区的星表，也成为古人一直在沿用的天区划分的标准或参照。

研究行星运动

既然建立了若干星官，把天区划分好了，就要去看看那些"游荡"在天空中的星，其中最重要的是"七曜"，即五大行星（或称为"五星"）加上太阳和月亮。古人认为，日月也像行星一样，周年视运动方向为自西向东。但是，如

二 领先世界的璀璨星辰——甘德与石申

果仔细观察，行星的运动并非统一地向一个方向运动，特别是荧惑（火星）和太白（金星），它们不是一直从西向东运动的，而是有时会出现改变运动方向的情形，甚至出现"逆行"，即从东向西运动。对此，甘德曾有细致的观察，他具体的描述是，荧惑在"顺行"（即从西向东）运动时会逐渐变慢，一直降到速度为零，然后转向，逐渐变成"逆行"（即从东向西）。这一变化相当于往而复返，甘德描述成"勾"。行星"逆行"的时段并不长，又减速、停下来，再转成顺行。这样由顺行到逆行、再到顺行的过程，甘德形象地用"巳"（sì）字的篆书 ? 来描述。这样的描述是非常重要的，因为这是人们站在地球上看到的，是把地球看成是静止的状态下的火星运动轨迹。到 16 世纪，从波兰天文学家哥白尼开始不再把地球看成静止的中心，而是围绕太阳（宇宙的中心）旋转后，火星的绕日运动就不是这样的"勾"或"巳"的路线了。

此外，甘德和石申测得的行星的运行周期，并不是行星绕日的运行周期，而是一种"会合周期"。所谓"会合周期"，是当太阳、地球和某一颗行星的相对位置处在"三星一线"时，继续循环一周再次出现"三星一线"所用的时间。甘德测得了诸行星的会合周期，如木星的会合周期是 400 天（绕日周期约为 12 年），而今天的测量值为 399 天。可见，甘德的测量是非常精确的。此外，他测得金星和水星的会合周期也是比较精确的。后人对这些会合周期的测量也很重视，从湖南长沙马王堆西汉墓出土的《五星占》中记录的诸行星的会合周期就可看出古人测量之精确。

在天文观测和预言中，日食和月食是非常重要的天象。早在殷商时期，天文学家和占卜人士就已开始观测和预言日食、月食了。人们之所以重视，大都是因为把日食和月食看成带有某种不祥的兆头，因此要预报出来，甚至要摸索出日食和月食产生的规律。

石申就对此有所认识，他认为，日食必定发生在朔日或晦日，即农历每月的初一（朔日）或最后一日（晦日），因为这时有可能发生月亮挡住太阳光的现象。石申还发现，月亮的运行有时快、有时慢。

甘德、石申也重视对木星（也被称为岁星）的观测。在夏日的夜空，木星在北方玄武七宿之虚宿和危宿的下方运行。虚宿和危宿的位置大约在宝瓶座。甘德的视力极佳，他通过一些简单的设备（如窥筒，或许是一根竹管吧）瞄准木星，可以观测木星的运行情况。在盯着木星看时，他发现在木星的旁边有一颗小星星，略微发红。几天看下来，甘德基本上可以确认这个发红的小星星与木星是相关的，他说，木星"若有小赤星附于其侧，是谓'同盟'"。这就是后来伽利略于1610年发现的木星的4个卫星之一，排序在第三，即"木卫三"。

由于木卫三的个头太小了，古人在观测之时，对于这个若隐若现的星星似乎并不注意，即便甘德发现之后，人们对此也不太关注，因此并未进一步去确认证实。直到20世纪中叶，现代科学家席泽宗注意到历史文献中的相关记载，才确认了甘德的这个发现。

甘德、石申二人的工作开了个好头，此后大量的更加精确的测量工作就在甘德、石申二位先驱的工作基础上开展起来了。

三 数术穷天地，制作侔造化——张 衡

张衡（字平子，78—139年）是东汉时期杰出的天文学家、数学家、发明家、地理学家和文学家，他被视为一位全面发展的人，被后人尊称为"科圣"。

游学都城，造福乡梓

张衡的家乡在南阳郡西鄂县石桥镇（今河南省南阳市卧龙区）。南阳郡在东汉时号称"南都"，是一个著名的经济文化中心，与当时的洛阳和长安鼎足而立。

张衡的家族是名门望族。他的祖父张堪品德高尚，少年就有"圣童"的美称，曾追随刘秀起兵，为建立东汉王朝立下了功勋。张堪还参加了讨伐地方割据势力、抗击匈奴侵犯的活动，颇具军事才能，十分有名，后病死在任上。张堪去世后，家道中落。张衡的父亲也去世得比较早，家境越来越差。当南阳发生灾荒时，张堪的朋友朱晖还救济过张衡家一些米粮和财物。

张衡的志向很高，16岁便离家游学。他先到当时的三辅地区（今陕西省西安市一带），所见所闻使他感触极多，经过10年的构思和修改，最终完成了《二京赋》。这篇名赋在汉朝文学史上占有重要地位，

14 东有启明——中国古代天文学家

游学交友

张衡也因此成为一位大辞赋家,并与司马相如、扬雄、班固并称汉赋四大家。接着,张衡来到了京都洛阳,拜师问学,他对著名大师贾逵十分崇拜。

几年下来,张衡成了博学之士,达到"通五经、贯六艺"的程度。这"五经"就是孔子曾编订的五本经典——《诗》《书》《礼》《易》和《春秋》。我们在前面的篇章中提到重黎、羲和等人的事迹,大都出自《书》(也叫《尚书》)中的《尧典》。"六艺"是礼(礼仪)、乐(音乐歌舞)、射(射箭技术)、御(驾驶车马)、书(文字)和数(数学)。由于张衡的学问和品德都很优秀,当时的南阳太守推荐他做官。这本是一件为家族增添荣耀的事,可是张衡却不以为意,依旧在学海中遨游。

几年之后,张衡回到了家乡,当时的南阳太守鲍德,十分欣赏张衡的才华,就征召张衡做了他的"主簿",这是一个为鲍德掌管文书的小官。这时张衡已22岁。

张衡与鲍德相处得不错，张衡曾作《同声歌》来抒发自己对鲍德的敬仰之情，并决心帮助太守干一番造福百姓的事业。鲍德做了 8 年太守后升任大司农（管理农业的官职），他本想把张衡一同带去，但是张衡无意官场之间的应酬，就留在了家乡。后来，邓太后（东汉开国功臣邓禹的孙女）辅政，她的哥哥邓骘（zhì）也很赏识张衡的才能，曾多次征召他入京做官，但是都被张衡谢绝了。

研究"太玄"，志在天文

张衡的科学文化素质很高，这得益于他读书认真，研究学问认真。在少年时，张衡就立下大志，结交的朋友要有读书上的共同爱好，这也使他能在学问研究上持久下去。

张衡非常佩服扬雄（字子云，前 53—18 年），曾立志要成为像司马相如和扬雄那样的文学家。他特别喜欢扬雄的《太玄经》，这是一部自然哲学著作，书中的内容博大精深，涉及天文、历法和数学方面的知识。张衡对此书反复诵读，深入研究，特别是扬雄反对盖天说、主张浑天说的观点，对张衡的天文学思想发展产生了积极的影响。

张衡通过研究《太玄经》，不仅学问日进，而且名声日隆，甚至汉安帝刘祜（hù）也注意到这个人才。永初五年（111 年），刘祜征召张衡，张衡无法婉拒，就到洛阳做了一个小官——郎中。

张衡做官后，仍坚持研究《太玄经》。他在洛阳求学时结识了一位精通数学和天文历法的好友崔瑗（yuàn）。崔瑗也精通《太玄经》，二人时常通信，交流读书心得，并一起为《太玄经》作注释。同时，张衡还作了《太玄图》，以帮助理解扬雄的思想和普及天文知识。遗憾的是，他们的注和图都已失传。

除了研究《太玄经》，张衡还学习和研究了墨家经典《墨经》。《墨经》中有许多关于数学和科学的概念与见解，是一部名著。

张衡是如此饱学，有关天文学研究，他写了《灵宪》，系统地阐发了中国古代的宇宙理论。这是张衡有关天文学研究成果的一篇代表作。

研究《太玄经》

    张衡认为宇宙是无限的，天体的运行是有规律的；他认识到太阳运行的某些规律，正确解释了冬季夜长、夏季夜短，以及春分、秋分昼夜等时的原因。

    张衡认为，月绕地行，且有升降。月亮本身不发光，但它能反射太阳光。他还解释了月食的成因，是地球挡住了日光。在谈到"星官"体系时，他说，常明星124个"星官"，可名星320个"星官"，两者加起来是444个"星官"，在中原地区可见2 500颗星。这当然是对前人观测的总结。

    元初元年（114年），张衡升为尚书郎，次年又升为太史令，主要负责天文、历法、气象和地震等方面的研究与测报工作，后又调任他职，5年后又复任太史令。张衡在"灵台"（天文观测机构）工作了14年，这是他科学创造的高峰期，这期间在天文理论研究、天文和地震仪器的研制工作中都有创造，对中国天文学和地震学的发展作出了重要的贡献，这使他在中国科技史上占有极其重要的地位。

研制浑天仪

元初年间（114—120年），张衡在太史令任上积极研发新的仪器，其中一些仪器是过去未曾有过的，如测风和观星设备。

张衡很重视天文演示。他先是于元初四年（117年）制作了著名的演示天象的仪器——水运浑天仪（即水运浑象）。这是一个能慢慢旋转的中空的大铜球，直径达4尺（东汉1尺长约为23厘米，4尺约合92厘米），是一种可以演示天象的天球仪。它的球面外表有一个个凸起的小点儿，代表着二十八宿内外星官的位置。这些星星的位置与天上星星之间的相对位置是一样的，大圆球相当于一个星图，而且还有南北极、黄道圈、赤道圈、恒显圈、恒隐圈、地平圈和子午圈等，差不多集合了当时全部的星象知识。

张衡的浑天仪是可转动的。为了使它匀速转动，并且一昼夜只运转一圈，张衡想到用水流提供动力。最简便的办法是，用漏壶滴出的水流来推动浑象运转，它也因此被称为"漏水转浑天仪"。正是由于它的匀速运转，这个浑天仪可以看成现代机械天文钟的始祖。

对这样一个装置，许多人都感到新奇，都来灵台观看，还伸出手来摸摸这些星官，再看看天空，比对一下。人们都非常佩服张衡的智慧。据说，著名学者蔡邕参观水运浑天仪后对张衡佩服至极，感慨道："我真想一辈子都躺在浑天仪里！"

张衡还别出心裁地创制了自动日历——"瑞轮蓂荚（míngjiā）"，以配合水运浑象的运转。"蓂荚"传说是尧帝时的一种植物，上半月，每天长出一片叶；下半月，每天落下一片叶。如果是小月，下半月14天，到第29天一片叶子枯萎却不落下。因此，这种"蓂荚"也被称为"历草"。张衡的"瑞轮蓂荚"是上半月每天升起一片，15天呈环形；下半月每天落下一片，15天就落尽。经过调整，小月只落14片。这就符合了传说中的蓂荚"随月盈虚，依历开落"。遗憾的是，张衡的水运浑天仪和"瑞轮蓂荚"都已经失传。

创制地动仪

中国是一个地震多发的国家，地震造成的危害早就为人们所领教。早在先秦的《诗经·小雅·十月之交》中就有记载："烨烨震电，不宁不令。百川沸腾，山冢崒（zú）崩。高岸为谷，深谷为陵。"

据史书记载，东汉时期从永元四年（92年）到延光四年（125年）的33年间，发生较大规模的地震达26次，特别是元初六年（119年）的两次大地震，造成了极大的破坏。古人认为，这是神灵对人间的惩罚。

亲历过地震的张衡，决心研制一种能测出地震方位和时间的装置。经过深入的思考和不断的试验，阳嘉元年（132年），张衡终于完成了一项伟大的发明——候风地动仪。史书上详细记载了它的外形：它用青铜制造，看上去像一个

大酒樽（zūn），仪器顶端有一个凸起的盖子。外表刻着篆文，并且用山龟和鸟兽的图纹装饰，还等间隔地附有朝着 8 个方向的 8 条龙，每个龙嘴内都衔着一个铜丸。龙头下方的地面上各有一只蟾蜍（chánchú）昂首张口，准备承接掉落下来的铜球。它的内部结构是：中心处竖立一根上略粗下略细的细棒（张衡称为"都柱"），周围构架了 8 个通道，每个通道各设一个曲杠杆并通向一个龙头。当地震波传来时，由于惯性作用，"都柱"倒向地震源的方向，触动这个方向的杠杆机构，龙嘴自动张开，铜球掉入蟾蜍嘴内。这时，"当"的一声，便可告知人们地震的方向。

候风地动仪制成的第二年（133 年），京都发生了地震；接着阳嘉四年（135 年）、永和二年（137 年）和永和三年（138 年），又连续发生 3 次地震，张衡的候风地动仪都测到了。特别是永和三年的地震，洛阳的人们都无感觉，但是地动仪却显示西北方向发生了地震。难道真的发生了地震吗？正当人们疑惑之时，信使报来了消息，陇西地区（今甘肃省东南部）发生了地震。人们大为惊讶，进而都称赞张衡的发明"验之以事，合契若神"。

全面发展，世所罕见

张衡为中国天文学、机械技术、地震学的发展作出了杰出的贡献，发明了浑天仪、地动仪，是古代浑天说的代表人物之一。由于他的贡献突出，在国际上也享有很高的声誉。

地震引起君臣讨论

1970 年，国际天文学联合会将月球背面的一座环形山命名为张衡环形山。太阳系中的 1802 号小行星被命名为"张衡星"。

张衡墓位于河南省南阳市卧龙区，1956 年，张衡墓修整一新，整个建筑气势雄浑，庄严肃穆。著名学者郭沫若为张衡墓题写碑文："如此全面发展之人物，在世界史中亦所罕见。"

张衡墓于 1988 年被国务院列为全国重点文物保护单位，2001 年被河南省列为爱国主义教育基地。为了纪念张衡，人们还修建了张衡博物馆，每年都会举行纪念张衡诞辰活动。

研究《太玄经》

三 数术穷天地，制作侔造化——张 衡

四 观乎六艺群书，精研天文历法

——刘洪

刘洪（字元卓，约 129—210 年）是东汉鲁王刘兴（东汉光武帝刘秀的侄子）后裔，封地在东汉泰山郡蒙阴县（今山东省临沂市蒙阴县）。作为著名的天文学家，他是月球运动不均匀性现象的发现者，被后世尊称为"算圣"。

知识渊博，"当世无偶"

由于王室的条件优越，刘洪自幼受到了良好的教育，他天生聪慧又勤奋好学，尤喜好且精于数学、天文和历法。作为宗室子弟，青年刘洪曾任校尉之职，后应太史令的征召来到京城洛阳，成为宫廷的内臣，这对于施展他的政治抱负和潜心研究天文历算都是有益的。刘洪后来还当过常山国（今河北省石家庄市元氏县）的长史一职，由于为官清正廉洁，"吏民皆畏而爱之"。刘洪在天文历法上的素养较高，遂被调到执掌天时、星历的机构任职，为太史部郎中。在此后的十余年中，他积极从事天文观测与研究工作。

刘洪（右）和蔡邕（左）

　　熹平四年（175年）到熹平六年（177年），由于刘洪的父亲去世，按当时的规定，他在家守孝3年。这3年间，他深入研究了一些数学和天文历法的理论。他的一些研究成果引起了朝廷的注意，这个年轻的官员因其对数学和天文历法的精通赢得了大家的尊敬。在他守孝期满后，朝廷就任命他为上计掾（yuàn）。"掾"是职称，"上计掾"就是执行财政审计的官员。上计掾要在年终之时对财政收入进行统计，要进行复杂的计算并且对地方官员的成绩进行考核。

　　太史令蔡邕很快就发现，以刘洪的历算才能当"上计掾"是大材小用了。因此，在光和元年（178年）蔡邕推举刘洪一起参加编纂律历志的工作。进入太史部，无疑对发挥刘洪的特长有益。不过，当他提出编制新的历法的主张时，并未获得批准。在太史部工作期间，刘洪与蔡邕一起合作撰写了律历志，二人还测定了二十四节气，确定了太阳的位置、太阳在中午时分产生的影长及昼夜的时间长度等数据。这些观测数据被列成表格收入东汉《四分历》中。从此，这些天文数据表格及其计算方法都成为后人所遵从的运算程序和方法，这也是刘洪在天文历法研究工作上的最初贡献。

中平元年（184年），刘洪出任会稽郡（今浙江省绍兴市）东部都尉，是郡太守的副手。在公务之余，他把精力都用在编写新的历书——《乾象历》上。后来，刘洪向朝廷献上了他的《乾象历》。新的历法受到了大家的称赞，特别是有关月亮运动的内容，具有明显的优越性和可靠性，当即就被采纳了，取代了当时通行的《四分历》中的月行术。

这样，刘洪很快就被召回朝廷，准备参加历法的改革工作。但是，由于皇帝去世，董卓作乱，不久，刘洪又被"外放"到山东任职。在此后的10年间，在政务之余，刘洪仍是继续研究历法，以完善《乾象历》。他在任上注重教化，移风易俗，成为远近闻名的颇有威望和政绩的行政官员。

在山东时，一些青年才俊来向刘洪学习，郑玄、徐岳、杨伟、韩翊（yì）等人都曾先后得到刘洪的指点，他们也都成了天文学家，并编制出各有特色的历法。建安十五年（210年），刘洪去世。在他去世12年后，在东吴学者阚（kàn）泽（徐岳的学生）的大力举荐之下，《乾象历》在嘉禾元年（232年）至天纪四年（280年）正式在东吴颁行使用。更重要的是，刘洪以众多创造，对后世历法产生了巨大的影响。

关注月亮运行的规律

月亮比起太阳明亮的程度要差得多，很适宜观测，特别是在夜空中，它显得格外突出，并且看月亮还是一件带有"诗意"的事情。其实，观测月亮的运行并不简单。据说，牛顿对月球的研究就碰到了一些困难，观测数据总是不够精确。通过对月亮运动的观测和研究，刘洪获得了一些珍贵的资料，他第一次提出了月球运动理论。他发现，月亮的运动"有迟有疾"。此前的一些汉代学者已注意到月亮运动时快时慢，但对月亮运动最快时的位置（"点"）却捕捉不到。这是因为月球绕地球的轨道是个椭圆，但古人并不知道。刘洪发现，在月亮运行的一个周期内，从一个"最快点"（今称为"近点月"）到下一个"最快点"要用27.553 36日。刘洪给出的数值非常精确，与今值相差不到2分钟。刘洪还发现，月亮在轨道上的"最快点"会均匀地前移。为此，他作出猜测，月亮每转一周，"最快点"就向前推进约3.1度。他对月亮运动的分析和总结是很了不起的，除了给出了准确的数学描述（运算）的方法，也为后世留下了对近点月的认识及近点月时间长度的计算方法。刘洪作出的定量描述，是特别令人赞叹的。他对月亮运动研究的另一重大成就是月亮运行轨道——白道概念的建立。在《乾象历》中，刘洪明确给出黄白交角约为6度。

刘洪献历

刘洪的深入研究，使他得到的朔望月长度的精度大大提高了，他的朔望月值是 29.530 54 日，误差从过去的 20 多秒下降到 4 秒，已达到了很高的精度。《乾象历》是第一部引进月球运动不均匀性理论的历法。刘洪把回归年的长度定为 365.246 2 日，误差从《四分历》的 660 余秒降至 330 秒。

研究五星的运动

对于五星运动的研究，刘洪也取得了一些新成果，如关于五星会合周期[1]的测算，与《四分历》相比较，《乾象历》的精度有所提高。

从下表中可以看到木星、土星、金星、水星、火星会合周期的数据，其中木星、土星的会合周期以《乾象历》为优，金星、水星的会合周期在两部历法中基本无差别，火星的会合周期则以东汉《四分历》为优。而从五星会合周期的总体水平看，《乾象历》要稍高于《四分历》。在东晋以后，便以《乾象历》的方法取代《四分历》，自此它一直沿用了百余年之久。《乾象历》的方法在其后较长一段时间内都产生了一定的影响。

《四分历》和《乾象历》的五星会合周期

	《四分历》	《乾象历》
木星	398.846（0.038）	398.880（0.004）
土星	378.059（0.033）	378.080（0.012）
金星	584.024（0.102）	584.021（0.099）
水星	115.881（0.003）	115.883（0.005）
火星	779.532（0.405）	779.485（0.452）

注：单位为日，括号中的数字为与实际周期的误差。

---

[1] 行星的会合周期，指行星连续两次与太阳相合的时间。

在刘洪看来，对交食（日食、月食的统称）预报是否准确可视为评价整部历法优劣的试金石。刘洪认为，最关键和最直接的验历手段是日食之验。自刘洪始，日食之验成为中国古代判断历法准确性的主要手段之一。

综上所述，刘洪取得了一系列令人瞩目的天文学成就，使原有的天文数据更精确了。在汉献帝建安元年（196年），刘洪送给郑玄《乾象历》。郑玄在深入研究《乾象历》之后加以注释，认为这部历法是"穷幽极微"的杰作。唐代天文学家李淳风十分中肯地指出，《乾象历》是"后世推步之师表"。刘洪所发明的一系列方法成为后世历法的经典方法，他的《乾象历》使传统历法的基本内容和模式更加完备。《乾象历》作为我国古代历法体系最终形成的里程碑而被载入史册。

五 我国最早发现岁差的天文学家
——虞喜

虞喜（字仲宁，281—356年）是东晋天文学家，会稽郡余姚（今浙江省宁波市慈溪市）人。他出身仕宦之家，是东吴经学大师虞翻（164—233年）的后人。由于虞喜博学好古，他多次被荐举给朝廷，并授给了官职，但他大都未就职。

虞喜是我国最早发现岁差的天文学家，并推算出"五十年退一度"的岁差值，使我国历法得以较早地作出恒星年与太阳年的区分。岁差对编制准确的星表和精确的历法具有重要意义。在虞喜推算出岁差的一百多年后，杰出学者祖冲之参考虞喜的岁差值，制定出举世闻名的《大明历》。

天周岁终

确定一个回归年的长度，最简单的办法是用圭表测日影的长度，最好是在冬至日，因为这一天的日影最长。这里用的都是"最"字，即"最简单""最好""最长"，在这种极端情况下进行测量要容易些，也精确些。太阳在恒星背景上是自西向东绕天极旋转的，这样，在两个冬至日之间，太阳正好绕天一周（360度），这种现象被称为"天周岁终"，意思是天行一周，就完成（"终"）一岁。用这种方法测出太阳绕天一周的岁长（或称为"岁实"）为365.25日，所以古人也把周天分为 365.25 度。这与今天把一个圆周定为 360 度是不同的。这样"岁实"与周天度的数值就等同起来了,即太阳在恒星背景上每日东移 1 度。这就形成了"在天成度,在历成日"的便利,太阳在天上绕天极一周是 365.25 度("在天成度");在地上可以在历法中定为 365.25 日,即 1 回归年为 365.25 日("在历成日")。这也是中国古代天文历算的一大特点。

中星观测法

在远古时期,羲和观星时确定了 4 颗"中星",借助这 4 颗"中星"来确定季节和方向。在战国时代,古人用中星观测法发现,冬至点在牵牛初度。这就是说,这时(公元前 4 世纪)的冬至点是在牛宿不到 1 度。到公元前 104 年,在编制《太初历》时,采用的就是这个数据。绥和二年(公元前 7 年),在编制

虞喜跟着老师学习天文观测

新历时，西汉末的著名天文学家刘歆对这个数据有所怀疑，他有时讲冬至点在建宿（在斗宿和牛宿之间的6颗星）；有时又讲冬至点仍在牵牛初度；到最后，他才吞吞吐吐地讲，冬至点进退于牛宿前4度5分。直到东汉时，天文学家才根据观测的数据，确定冬至点在牵牛初度是不准确的。但东汉天文学家只是纠正了对于冬至点的宿度数值，并未意识到冬至点的西移。

可见，从汉朝起，人们已经发现冬至点后移的现象，不过人们都还没有明确地意识到岁差的存在。

岁终并非天周

从古代流传下来的"天周岁终"说，流行了几百年，人们大都不会怀疑，这从刘歆的犹犹豫豫就可以看出，他至多是不确定而已。直到东晋咸和年间（326—334年），虞喜才发现了岁差的现象，并且开始怀疑"天周岁终"的说法。

岁差本身是地球自转轴的长期进动，是一种天文现象。虞喜是如何发现岁差的呢？

古人利用"中星观测法"，重点观测昏、旦、夜半时刻出现在天空正南方（即上中天）的星宿。虞喜在测量了大量的中星数据，并与前人的类似观测数据作了比较之后

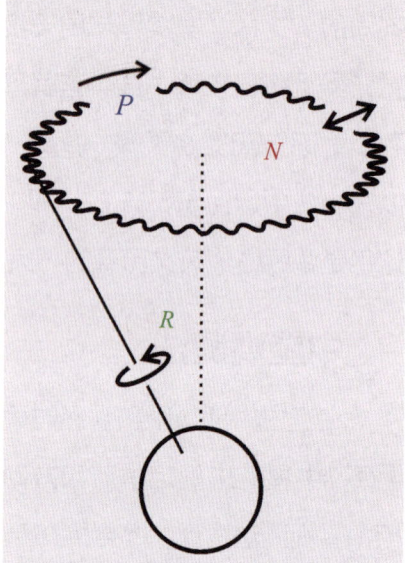

■ 岁差（P）、章动（N）与地球自转（R）的示意图

图中黑色实直线为地球自转轴，虚线为黄轴，即通过黄道面圆心并与黄道面垂直的直线。

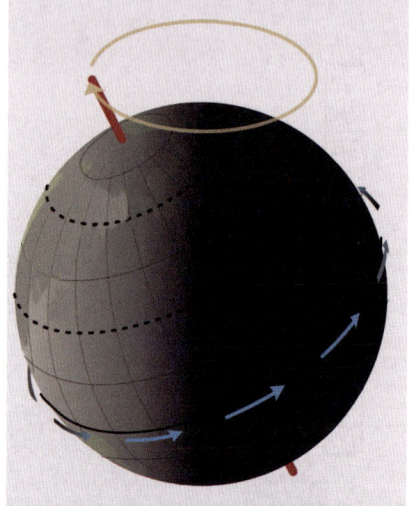

■ 地球自转轴的进动方向（顺时针）与地球的自转方向（逆时针）相反

发现，冬至的黄昏出现在天空正南方的星宿明显地不同。他认为："尧时冬至日短星昴，今二千七百余年，乃东壁中，则知每岁渐差之所至。"这大意是，在唐尧的时代，冬至的黄昏中星是昴宿，到了虞喜生活的年代，却变成了壁宿。也就是说，从唐尧时代（约前2400年）到虞喜生活的年代相隔了2 700多年，冬至黄昏中星经历了从昴宿到胃宿、娄宿、奎宿，最终到壁宿，4个宿、53度的变化，进而得到平均值约为每50年差1度。

虞喜对此分析之后指出，这种变化表明冬至点在不断西移（或称为"后移"），也就是说，冬至时太阳所在的位置在逐渐偏西。

这样看来，冬至点的西移使虞喜明白了"岁终并非天周"。具体地讲，设某年冬至时太阳位于某宿某度，到下一年冬至时太阳并不能再次回到某宿某度，而是稍微有差（或许还测不出），因此虞喜将这种现象称为"岁差"。这样可以看出"岁周"与"天周"是不同的，后人赞扬虞喜使"天为天，岁为岁"。

岁差之成因

虞喜发现岁差是我国古代天文研究中的重大成果之一，但为什么有如此之差呢？又过了千年，在近代天体力学建立过程中，人们根据行星运动规律，进一步建立了引力理论。人们还认识到了地球的真实形状——扁球体，即赤道半径略大于极半径。当太阳和月亮对地球的赤道突出部分产生引力（也叫摄动力或摄引力），面朝着日月的近侧所受到的引力比背朝着日月的远侧所受到的引力要略大些。正是这两个引力的差造成地球自转轴在空间中会缓慢地发生变化。这就是所谓的地轴的进动，这种进动表现出来的现象就是"二分点"（春分点和秋分点）或"二至点"（夏至点和冬至点）的"岁差"现象。也就是说，由于地轴的进动，与地轴相垂直的赤道会沿着黄道向西滑行，相应地，赤道和黄道的两个交点，即二分点也一同沿着黄道圈向西缓慢地退行，而地轴的进动运行一周要花约 26 000 年，折算一下，每年约 50.3 秒，或约 71.6 年 1 度。当然，这个值并不大，所以"岁差"的发现自然也就很不容易。

由于岁差现象是地球自转轴的进动引起的，这也引起了北天极的移动，也就是说，北天极会缓慢地改变它在恒星背景上显示的位置。当然，要想说明或发现北天极的缓慢变化并不容易，原因是运动的相对性使人们无法确定看到的是北天极在恒星之间的移动，还是北天极不动而是恒星在移动。古代观测者认为，是恒星在移动，因此古人就把位于北天极位置的星（即北极星）更换了好几次。在公元前 10 世纪，北天极在帝星（小熊座 β 星）附近，那时的北极星自然就是帝星了。后来以纽星为北极星，祖冲之的儿子祖暅（gèng）还测出，在他生活的年代，纽星已离开北天极 1 度有余。北宋沈括再测时，发现已偏离了 3 度多。今天，人们以勾陈一（小熊座 α 星）为北极星。可以预测，公元 14 000 年，织女星（天琴座 α 星）将成为北极星。这都与岁差有关。

找到更加精确的岁差数据

在中国历法史上，第一个把岁差引入历法编制中的著名科学家是祖冲之。他明确地把岁实与周天度相区别，也就是说，把回归年与恒星年相区别。这里说的回归年是读者很熟悉的，恒星年要略微生疏些。所谓**回归年是太阳连续两次经过冬至点的时间长度，恒星年是太阳连续两次到达同一宿度所需要的时间长度。**今天测得的数据是，回归年比恒星年短约 20 分钟。

祖冲之还把他所参照中星和月食观测推出的冬至点在斗宿 15 度的结果，与后秦姜岌在白雀元年（东晋太元九年，384 年）所测出的冬至点在斗宿 17 度的数据相比较。祖冲之认为，"通而计之，未盈百载，所差二度"，所以，他定出的岁差值为45年11月为1度。应该说，这个数值误差还是偏大的。后世的天文家把《大明历》中的重大革新列为中国历法史上的第二次重大改革❶。

隋代的刘焯也较为精确地计算出了岁差，他假定，太阳视运动的出发点是春分点，一年后太阳并不能回到原来的春分点，而是差一小段距离，春分点逐渐西移，这就是岁差。刘焯定出了春分点每75年在黄道上西移1度，而此前虞喜算出的是50年差1度。与实际的71年又8个月差1度相比，刘焯的计算要精确得多，所以到唐、宋时期，大都沿用刘焯的数值。

其实，从人们观测到的现象看，这种"岁差"现象早已被人们注意到了。例如，从东汉的观测数据已可看出，冬至点位置已与牵牛初度相差了5度，但许多人仍视而不见，大多数人仍坚持牵牛初度的旧说。这是由于人们头脑中的固有观念——"天不变，道亦不变"，因此认为冬至时太阳所处位置是不应该变化的。但虞喜从观测出发，突破旧说，表现出求真务实的精神，这种科学精神的确是值得后人继承的。

---

❶ 一般认为，中国历法在发展过程中经历了五次重要的改革，分别是：（一）太初历改革（西汉，由落下闳等人进行）；（二）大明历改革（南北朝，由祖冲之父子提出）；（三）戊寅元历改革（唐朝，由傅仁钧提出）；（四）授时历改革（元朝，由郭守敬等人进行）；（五）时宪历改革（清朝，由汤若望等人进行）。这五次改革共同推动了中国历法精确度和适用性的提高。

六 学问好做官难当——何承天

南北朝时期，在南方的刘宋朝有一位奇才，名叫何承天（370—447年）。他是一位天文学家和音律学家，山东郯城人。他出生在一个官宦之家，5岁时父亲去世，被母亲徐氏抚养成人。何承天从小就刻苦学习，做学问极其认真，阅读也很广泛，几乎是无所不涉。他的舅父徐广是东晋著名的学者，对历法研究颇深，这对何承天的影响很大，使得何承天也很重视天文历法的研究。

学问渊博的高官

在东晋末年，何承天当上了一个"参军"的小官，这是一个下级官员，后来还当上了县令。虽然官阶不断升迁，但何承天秉性刚直，执法颇为严厉，还有些刚愎自用，甚至仗着自己的学识渊博而看不起同僚，得罪的人比较多，上级的官员觉得他不听话。他因此被外放，出任衡阳内史，人们便称他为"何衡阳"。虽然这里地处偏远地区，但他并不在乎。总的来说，他不善为官，而善于做学问、搞研究，在天文历法和音律学的研究上都很擅长。

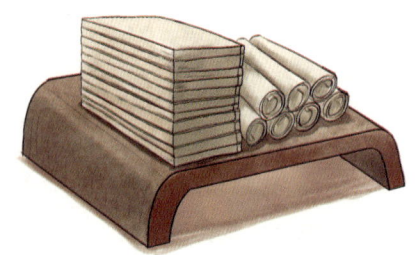

六 学问好做官难当——何承天

由于何承天的学问被刘宋朝的第三位皇帝宋文帝刘义隆（小字车儿，407—453年）看重，他的官职不断得到升迁。在元嘉十六年（439年），何承天升任著作佐郎，参与编撰国史。后来，他还负责管理东宫太子府中的漏刻和乐队等工作。这些职务都说不上显赫，但能进入太子府，也是很令人羡慕的。在朝廷设国子学之后，何承天又当上了国子博士。何承天兼通音律，善于弹筝，皇上曾赏赐他一面用银装饰的筝。何承天还擅于对弈，刘宋太祖曾赏赐弈具给他。他还曾奉命撰修《宋书》，书未成而卒。

修改历法有新意

何承天注意到，文帝对历法很关注，就把自己研究多年的历法献给皇帝。他还向文帝讲到现行历法中的问题，劝皇帝改革历法。既然何承天提出了新的历法，就要进行检验，与现行的历法进行比较。经过检验之后，果然何承天编制的历法要更加精密些，因此，将何承天的历法命名为《元嘉历》，于元嘉二十二年（445年）颁行，一直通行于南朝的宋、齐及梁三朝。

何承天能够编制出新的历法，并非一蹴而就，而是受到他的舅父徐广的影响。徐广对历法很有研究，曾花了40多年的时间编撰出《七曜（yào）历》。何承天仍继续研究历法，可谓积学甚厚，再加上何承天天资聪颖，才编撰出这部《元嘉历》。因此，这部《元嘉历》包含着两代人的智慧，而且又有所创新，才成就了这部优秀的历法。

由于天文观测往往要经历一个漫长的时期，还要经常回看一些更加古老的观测数据，以比较之。何承天对古代留下的一些数据也很重视。他曾对《尚书·尧典》中有关"中星"的记载进行了估算，即在唐尧的时代，冬至日在女宿（属于北方玄武七宿之一）10度，而何承天实际测量之后，得到的数据约为27至28度，而何承天生活的年代距尧帝之时已过了2 700多年。由此，他得到的结果是冬至点的位置每100年差1度。这个数据就是岁差。可见，何承天是支持虞喜提出的"岁差"观点的，并且用所测的数据进行了"验算"，以期得到更为精确的"岁差"数据。

创立定朔的算法

古人可以利用回归年和朔望月的天数来推算每个月的平均长度，推算和定下朔日（即初一），这样，推算出的朔日称为"平朔日"，意思是"平均得到的朔日"。但是，太阳的视运动速度和月亮的运动速度都是不平均的，实际发生的日月合朔（也被称为"合朔"）的时间与平朔定下的朔日并不相同，因此何承天又提出定朔之法，即以日月合朔为朔日。所谓日月合朔，是太阳、月亮和地球处在一条直线上的（朔）日。如果这时太阳运行轨道（黄道）和月亮运行轨道（白道）相交就会发生日食，但黄道与白道若出现 5 度的倾角，就不会发生日食。

中国古代采用的是"阴阳合历"（或简称为"阴阳历"）。古人已知朔望月的平均长度为 29.530 6 日，因此，他们采用大月为 30 天、小月为 29 天，并且是大月与小月相间排列，同时，每隔 17 个月或 15 个月要连续安排两个大月，这被称为"频大月"。但是，由于月亮和太阳的运行速度是时时变动的，所以，日月合朔不一定都在平朔日这一天。刘洪测量出每天月球实际运行的速度，所推算出的时刻还是很精确的，后世天文学家也都采用了刘洪的方法以预测日食和月食发生的时刻。东汉时期编制历法仍用平朔之法，何承天在编制《元嘉历》时就废除了"平朔"，改用了"定朔"的方法。像当时的太史令钱乐之（也是一位乐律学家）就看到何承天方法的优越性，主张颁行《元嘉历》。但是，在《元嘉历》中，何承天的方法也还存在问题，会出现连续 3 个大月和 2 个小月的情况，这说明《元嘉历》中的方法还有改进的余地。因此，有些人反对何承天的新方法，何承天也只得放弃定朔之法，仍用平朔法。

何承天创立了定朔之法后，使"日食在朔，月食在望"的准则得以确立。这是中国历法史上的一大创新。何承天去世之后，人们依旧在争论使用平朔之法还是使用定朔之法。直到唐代初年，李淳风编制《麟德历》才又使用定朔之法。

确定冬至日的太阳位置

何承天的另一个创新是用月食测定冬至日的太阳位置，他订正了旧历所确定的冬至时刻和冬至时太阳所在的位置。具体来说，由于人眼不能直接观察太阳在恒星背景上的位置，但是却可以看清楚月亮在恒星背景上的位置。如果选定在发生月食（月食发生在望日，即十五、十六）之时，便可以利用日与月正对着时（恰好180度）的位置关系，确定下来太阳在恒星背景上的位置，这样就可以精确地确定太阳的位置。为了验证这个确定太阳位置的方法，何承天测了几组月食发生时的数据，就推算出了冬至日太阳在斗宿17度。而按照当时颁行的《景初历》的算法得出的数据与何承天的数据差了4度。他又用测影来检测，冬至日期与实测也差了3天。这些测量数据是非常关键的，成为确定要采用《元嘉历》的主要依据。

从历史上看，确定太阳的位置都是采用传统的"中星法"，但与何承天的"月食验日法"还不能相比，何承天的方法既简便又精确。值得指出的是，这种月食验日法是后秦（384—417年）时的天文学家发明的，在被何承天采用并推广之后，这种方法才传播开来。

调日法

何承天还有一个创新是他发明的计算方法——调日法。

什么是"调日法"呢？

计算朔望日整数之后的尾数要用分数表示，这个分数的分母被称为"日法"，分子被称为"朔余"。可用一个稍大的分数 $\frac{a}{b}$ 为强率，稍小的分数 $\frac{c}{d}$ 为弱率，而所求的分数应该在强率与弱率之间，何承天用一个不等式来表示，即：

$$\frac{c}{d} < \frac{c+a}{d+b} < \frac{a}{b}$$

再把这个表达式适当调整，就能求得与实测相当的"日法"和"朔余"。何承天曾举出算例来说明,即设 $\frac{26}{49}$ 为强率,$\frac{9}{17}$ 为弱率,经过 15 次调整就得到"日法"为 752 和"朔余"为 399,可列出算式:

$$\frac{9+26\times15}{17+49\times15}=\frac{399}{752}$$

在运用这种方法时可以不断调整强弱分数的数值,因此被称为"调日法"。由此可见,其中是有些技巧的,需要进行多次练习才能熟练。

有趣的是,何承天利用"调日法"计算过圆周率。他经过计算得到:

$$\pi=\frac{75+365\times304}{65+116\times304}\approx3.14288\approx\frac{22}{7}$$

这是个"约率"。

少年祖冲之曾跟着何承天学习了一些天文历法的知识,应该也学会了用"调日法"计算圆周率,但祖冲之主要利用刘徽发明的"割圆术",最后算得"密率"。除此之外,"调日法"作为一个重要的计算方法,可被广泛地用在历法的各种计算过程中。

可见,何承天在编纂新的历法时创建了一些新的方法,以保证新历法更加精确。

七 目尽毫厘，心穷筹策
——祖冲之

■ 祖冲之铜像

祖冲之（字文远，429—500年）是范阳郡遒县（今河北省保定市涞水县）人。他是南北朝时期杰出的数学家和天文学家。他一生钻研自然科学，在数学、天文历法和机械制造方面皆有贡献。他在刘徽开创的探索圆周率的精确方法的基础上，首次将圆周率精算到小数点后第7位，即在3.141 592 6到3.141 592 7之间，他的"祖率"是对数学研究的重大贡献。

祖冲之的家世

由于北方发生大规模战乱，祖冲之的先辈迁徙到东晋国都建康（今江苏省南京市），祖冲之也出生于建康。他的祖父祖昌曾任刘宋朝大匠卿，是朝廷管理土木工程的官吏，他的父亲祖朔之也是学识渊博，祖冲之则"专攻数术"且"搜炼古今"，他的儿子祖暅（gèng）也随着父亲祖冲之学习和研究数学与天文历算，提出了"祖暅原理"。祖冲之的数学名著《缀术》

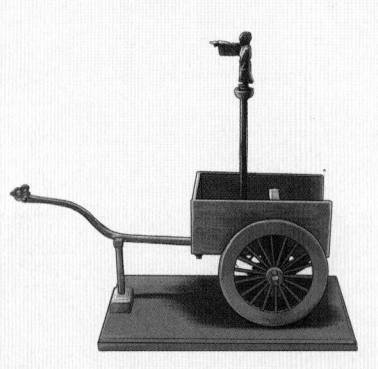

（五卷）中也有祖暅的功劳。祖暅的儿子祖皓继承家学，也擅长历法，但是很不幸，祖皓死于战乱，使南朝的这个科学世家就此中断。

祖冲之从小就受到很好的家庭教育，他对自然科学和文学、哲学，特别是天文学产生了浓厚的兴趣，在青年时代就有了博学的名声，并且被南朝宋孝武帝刘骏（字休龙，小字道民，430—464年）请到朝廷任教。由此，祖冲之接触到了大量的皇家藏书，包括天文、历法方面的书籍。他的聪明才智也得到了极大的发挥，他发明了"千里船"和水碓磨（利用水力加工粮食的工具）。他还设计制造过漏壶（古代计时器）和巧妙的欹器。

七 目尽毫厘，心穷筹策——祖冲之

■ 千里船

■ 指南车想象复原图

■ 水碓磨

44 东有启明——中国古代天文学家

宋武帝刘裕（字德舆，小名寄奴，363—422年）北伐成功，攻下长安之后，获得了后秦的一架破旧的指南车，其中有些部件已破损，运转失灵。后萧道成（字绍伯，小字斗将，427—482年）称帝，改国号为"齐"，史称"南齐"，萧道成就是南齐高帝。由于祖冲之善于制作，齐高帝就命祖冲之制作一辆新的运转灵活的指南车。经过细心设计、反复测试，祖冲之终于在刘宋大明八年（464年）制成一辆新的指南车。这辆指南车有一套能自动离合的齿轮系统，并且全部使用青铜制造，更加耐磨损。新的指南车运转极其灵活，指向准确。遗憾的是，这种指南车的制作方法也失传了。

祖冲之的《缀术》，被收入唐代著名的《算经十书》中。但《缀术》理论十分深奥，即使是学问很高的学者也不易理解它的内容，在当时是数学理论书籍中最难的一部专著。《缀术》还曾流传至朝鲜和日本，在朝鲜和日本的古代教育制度、书目等资料中，都曾提到《缀术》。

七 目尽毫厘，心穷筹策——祖冲之

改革历法

在三国时期，东吴孙权称帝后颁布了东汉未曾实施的《乾象历》（刘洪编纂）。魏明帝曹叡（ruì）于景初元年（237年）颁布了尚书郎杨伟（刘洪的学生）制作的《景初历》。唯独蜀汉，出于政治上的原因，仍沿用汉代的《四分历》。一般来说，《四分历》的误差是比较大的。相比之下，《乾象历》和《景初历》要先进些。

到南北朝时期，北方的个别少数民族也颁行了自己的历法。南方则有刘宋朝何承天编定的、于元嘉二十二年（445年）颁布施行的《元嘉历》，梁朝天监九年（510年）颁布施行的祖冲之制定的《大明历》。

祖冲之年轻的时候，曾经拜何承天为师，也全面地研究了《元嘉历》，发现其中存在的一些问题，祖冲之就试图进行改进。有的朋友听说祖冲之的想法之后，劝祖冲之不要改，因为他的老师花了几十年的时间编订出新的历法，也实在是不容易。但是，30多岁的祖冲之血气方刚，对于一些明显的错误难以容忍。

尽管祖冲之的祖父祖昌与何承天是同僚，又是朋友，而且祖冲之也随何承天老先生学过天文理论，但祖冲之与何承天仍在学术上有不同见解。祖冲之的父亲祖朔之因此训斥过他，但是祖冲之仍然坚持自己的见解。对一些不妥当的地方加以改进又有何不可呢？经过仔细推算和精密测量，他终于在33岁时制定出《大明历》。

编纂《大明历》

在《大明历》的编纂过程中，为了测定回归年的长度，祖冲之提出了用圭表测量正午太阳影长以定冬至时刻的方法，并且每每"亲量圭尺，躬察仪漏，目尽毫厘，心穷筹策"。这样，祖冲之推算出一个回归年为365.242 814 81日，与今值只差50秒，并证明太阳每年在天球上绕一周后，并不是回到原来的地方，而是有微小的差别，这就是岁差。他测定的朔望月长度是29.530 591 5日，与今值只差了0.5秒。

3 种历法的五星会合周期比较

	《四分历》	《乾象历》	《大明历》
木星	398.846（0.038）	398.880（0.004）	398.903（0.019）
土星	378.059（0.033）	378.080（0.012）	378.070（0.022）
金星	584.024（0.102）	584.021（0.099）	583.931（0.009）
水星	115.881（0.003）	115.883（0.005）	115.880（0.002）
火星	779.532（0.405）	779.485（0.452）	780.031（0.094）

备注：单位为日，括号中的数字为误差。

创制《大明历》

中国古代科学家算出木星（古代称为岁星）每 12 年运转一周。西汉刘歆作《三统历》时，发现木星运转一周不足 12 年。祖冲之对木、水、火、金、土等五大行星在天空运行的轨道和运行一周所需的时间，也进行了观测和推算，他还重新测量，定下木星公转周期为 11.858 年（今测为 11.862 年），并得出更精确的五星会合周期。

在古代，中国历法家一向把 19 年定为计算闰年的单位，在 19 年里有 7 个闰年，也就是说，在 19 个年头中，要有 7 个年头是 13 个月，即加了一个"闰月"。这种置闰法到祖冲之的时代已经沿用了一千多年。祖冲之觉得 19

七 目尽毫厘，心穷筹策——祖冲之

年7闰的闰数过多,每200年就要差一天,最终,祖冲之算出了391年144闰月的新闰数。

祖冲之在我国天文学史上第一次提出,月亮相继两次通过黄道、白道的同一交点的时间(即交点月,月球绕地球一周的时间)长度为27.212 3日,与现代值(27.212 22日)仅相差不到7秒。由于日食、月食(统称交食)都发生在黄白交点附近,所以祖冲之的交点月长度对于日、月食预报具有十分重要的意义。推算出交点月的日数以后,就能更准确地推算出日食或月食发生的时间。祖冲之在他制定的《大明历》中,应用交点月时长推算出来的日、月食时间比过去准确,和实际出现日、月食的时间都很接近。

祖冲之与戴法兴的争论

大明六年(462年),祖冲之把精心编成的《大明历》献给宋孝武帝刘骏请求公布实行,孝武帝让懂得历法的官员对这部历法的优劣进行讨论,这时有人提出不同的看法。

反对颁行《大明历》的代表人物是孝武帝的宠臣戴法兴,他比较保守,并不信任祖冲之的能力。他的反对意见集中在两个问题上,就是岁差和置闰,为此,他与祖冲之展开了激烈的争论。戴法兴认为,"古人制章""万世不易"。他否认冬至点的移动,甚至指责祖冲之应用岁差是"虚加度分,空撤天路",还给祖冲之加上"诬天背经"的罪名。具体地说,戴法兴认为,19年7闰的古制不可更改。如果按照祖冲之的方法,每7 429年就要少一个闰月,这会出现误差的。

祖冲之并不示弱,他针对戴法兴保守和武断的意见指出,古今的星象是不断变化的,不应当"信古而疑今"。此外,祖冲之还专门写了名为《驳议》的文章与戴法兴进行辩论。

祖冲之与戴法兴的争论持续了两年。孝武帝对辩论并不能作出决断。然而,掌管司天监的中书舍人巢尚之,把天文观测记录同祖冲之的新历法对比之后,发现祖冲之的历法与天象符合得更好些。这样，孝武帝决定第二年颁行新的历法。遗憾的是，第二年孝武帝去世，新的历法就被搁置了下来。祖暅对他父亲的历法进一步修订，并一再请求颁行，后来梁武帝萧衍才下令颁行《大明历》，并沿用了近90年。

其实，祖冲之的《大明历》像《元嘉历》一样，也不是尽善尽美的，别人提出不同意见并非不妥，如戴法兴提到"日有缓急"，以此反对祖冲之的置闰方法。这种说法本来是一种很有意义的猜想，说明太阳的视运动可能是不均匀的。祖冲之却以"未见其征"为由简单地否定了这一有价值的猜想。100多年以后，北齐的张子信经过30余年的观测证明了"日有缓急"的说法。此外，在此前，杨伟和何承天的某些方法确实比较简便，祖冲之也未加以利用和发展。祖冲之如果能够审慎地判断和研究这些问题，对于新历法的制定会更有帮助。

南齐永元二年（500年），祖冲之去世，享年71岁。1964年11月9日，为了纪念祖冲之对中国和世界科学文化作出的伟大贡献，紫金山天文台将1964年发现的、国际永久编号为1888的小行星命名为"祖冲之星"。1967年，国际天文学联合会把月球上的一座环形山命名为"祖冲之环形山"。1986年，我国发行了面值为5元的纪念银币（直径为36毫米，由上海造币厂制造），发行量为30 000枚，纪念币正面为国徽，背面为祖冲之像。

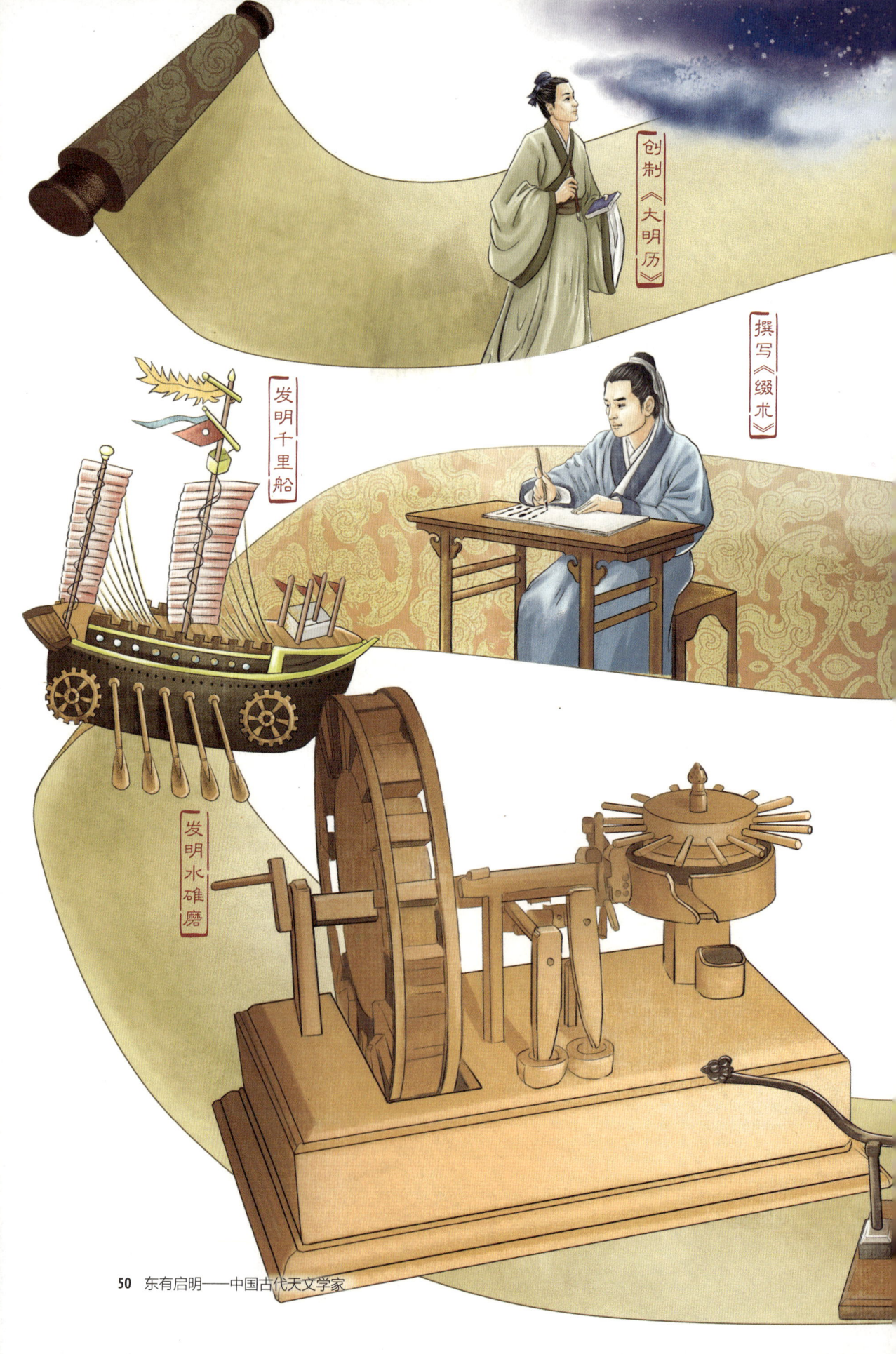

七 目尽毫厘，心穷筹策——祖冲之

八 学艺博通，尤精历数
——张子信

关于行星运动有 3 条最基本的定律，是德国著名的天文学家开普勒于 17 世纪初发现的。开普勒研究成果的得来，除了他的数学才能之外，主要是借助于丹麦天文学家第谷·布拉赫长达 30 多年的天文观测数据。长期的、持续的观测资料是天文研究必不可少的基础。无独有偶，早于第谷·布拉赫千年，我国北齐时期的天文学家张子信也曾因避乱而来到一个海岛，在这个海岛上他也是坚持了长达 30 年的天文观测。

南北朝是中国历史上混乱的时期之一，但是，一些科学家依然为科技的发展坚持忘我地工作。在北朝，有一位天文观测方面的奇才，这就是著名的天文学家张子信。

关于张子信的身世，留下的资料并不多，后人只知他是清河（今河北省邢台市清河县）人，出生在北魏末年，大致活动于 6 世纪 20 至 60 年代，经历北魏、东魏和北齐。史书上记载，他以"学艺博通，尤精历数"而闻名于世，在北齐时曾为"学士"。据说，他的祖父懂得天文和历法，曾在南朝的梁朝担任官职，还撰写过《天文录》（三十卷）。张子信自幼就跟随祖父学了不少天文知识，同时学习医学时也很下了些功夫，并成为一名医师。但世道太乱了，他就放弃了行医。

在北魏孝昌年间（525—527年），为了躲避战乱，张子信带着几个随从来到了山东半岛之外的一个人迹罕至的海岛，一个"世外桃源"。这里无人打扰，从事天文观测倒是个好地方。据说，他先造出几件天文观测仪器，像浑仪、圭表、日晷等，虽然都是木制的，看起来比较简易，但用作观测，效果却不错，张子信就专心致志地进行天文观测。

在战乱平息后，已是北齐的朝代，朝廷也知道张子信去了一个海岛，就派人去请他回来，请他担任药典御（朝廷管理医药卫生事务的官职），通常带着这个"御"字的官职大都与朝廷有关。但是，却被张子信谢绝了，北齐的后一任皇帝也派人来请，仍被谢绝了。张子信已下定决心，要坚持下去，观测日月五星的运动，想从这些运动中看看到底有什么名堂。这样的观测工作，一直坚持了30年。

张子信海岛观测

八 学艺博通，尤精历数——张子信

太阳运行，时快时慢

对太阳视运动变化规律的研究表明，在冬至和夏至时，太阳视运动速度分别是最大和最小。

在张子信之前，东汉的一些天文学家就发现了月亮运行时快时慢的现象，甚至还发现了月亮运行最快的地点是有变动的。张子信则从观测中进一步发现，不仅月亮的运行有快有慢，太阳的运行也有快有慢；五大行星（水星、金星、火星、木星、土星）的运行轨道看上去有顺行、逆行、滞留和后退的现象。在张子信之后，人们又发现，月亮运行的快慢变化周期是 27 天多，这恰好是月亮绕地球一周的时间。

在海岛上坚持了 30 年的观测，张子信最重要的发现是太阳视运动的不均匀性。所谓的太阳视运动，是处在地球上的人们看到的太阳在天空中移动的现象，在今人看来，这是地球公转的反映。这就像乘坐汽车所看到的情景，当汽车向前移动时，车里的人会看到路边的树向后移动，但是，树并非真的运动，这种现象因此被称为"视运动"。

张子信发现太阳运动的不均匀性，在中国古代天文学史上具有划时代的意义。

张子信发现的太阳视运动的不均匀性对日食和月食的预测是有影响的，并且对编制历法有重要作用。具体来说，张子信所说的"日行在春分后则迟，秋分后则速"，这表明，随着季节的变化，太阳运动时快时慢，在春分后的运行速度会变慢，在秋分后的运行速度会变快。这必然影响到一年四季的长短不同，具体到二十四节气的时长，每个节气的长短也就会不同。考虑到太阳运动的不均匀性，以及刘洪曾引入的月亮运动的各种影响因素，就可编制出更加精确的历法了。此外，这也使得日食和月食的预报更加准确。

当张子信公布了他的这些发现之后，他的影响就不只在北齐一朝，甚至在此后很长的时间内，人们都在消化这些新的知识。到了隋唐时期，人们改革历法的工作不断深入，张子信的观测数据还一直发挥着作用。

张子信还首先发现日食产生的必要条件，就是合朔时，如果月亮在黄道（太阳的视运动轨道）内侧，就可以发生日食；如果月亮在黄道外侧，就不会发生日食。这一发现也是很有意义的。

张子信还曾试图对五星运动不均匀性现象作出理论上的说明。他认为，五星与不同的恒星之间存在着一种相互感召的作用，二者之间各有好恶，相好者相遇，五星则行迟；相恶者相逢，五星则行速，好恶程度不同，五星运行的迟速各异。当然这是一种十分幼稚的理论，但充分反映了张子信关于五星在各自运行轨道上运动速度不同的原因的认识。

经由张子信的学生张孟宾、刘孝孙等人的努力，张子信的发现在《孟宾历》和《孝孙历》中大都被应用，但这两个历法均已失传，因此难以知其详情。而在刘焯的《皇极历》和张胄玄的《大业历》中，对张子信的发现均有明确的记载，此后各历法无不遵从，并不断有所改进。张子信的发现很快就被历家所承认和应用，可见他的工作是出色和令人信服的。

九 博学通儒，无出其右
——刘焯

相比前朝张子信这样的观测奇才，隋朝的刘焯（zhuō）则是一个历算的奇才。他是一位著名的学者和天文学家。他的事迹曾在社会上广为流传，唐代名相魏徵（字玄成，580—643年）在所著的《隋书·儒林》中介绍刘焯时说："论者以为数百年已来，博学通儒，无能出其右者。"

刘焯（字士元，544—610年）是信都昌亭（今河北省衡水市冀州区）人。刘焯的家庭重视文化学习，他的父亲先后给他请了几位老师，教他学习《左传》《诗经》《周礼》等典籍。但是，刘焯总是不够"尊重"老师，觉得这些老师还不能满足他的求知欲望，直到20岁时，投到枣强县大儒刘智海门下，经过10多年的苦读，终成一位小有名气的儒者、一位饱学之士。他与好友刘炫，当时并称"二刘"。

在隋朝建立之后，朝廷广搜人才。隋文帝开皇年间（581—600年），刘焯有些声望，朝廷让他参加编纂国史的工作，在开皇三年（583年）他来到京城参与修改历法的工作。据说，刘焯在京城时，许多人都来找他请教问题。但是，刘焯秉性耿直，难于与人相处，终被罢职回乡。自此他游学授徒于乡里，致力于教育和著述，并不断深入地研究天文历法。

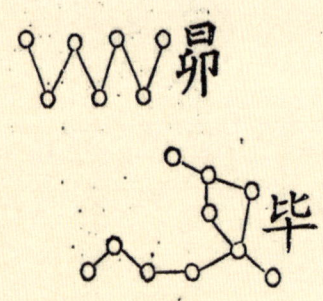

中国古人认为"天上一颗星，地上一座城"。刘焯的故乡信都昌亭即对应着天上的毕宿和昴宿。

九 博学通儒，无出其右——刘 焯

研究历法的新成果——内插法

在家乡，刘焯开始仔细研读《周髀算经》《九章算术》之类的名著，并且研究张子信天文观测的新成果。他在思考，太阳的视运动会如何影响历法的编制，或者说，如何把这种影响引入历算之中呢？经过深入的研究，为了引入这种不均匀性的因素，他创立了一种新的计算方法，这就是著名的"内插法"（也被称为"插值法"）。由于在运算过程中要使用平方（即二次方）运算，这种插值法也被称为"二次内插法"。在使用这种方法时，要先把数据列成表格，借助内插法，可以推算出任意时刻的日月五星的位置，以及日食和月食的时刻，等等。刘焯引入的这种新的算法，在历法计算上取得了一次重大的突破，从世界数学史上看，这也是刘焯首创的一种计算方法。

刘焯内插法的基本原理是建立在《九章算术》描述类似匀变速运动的基础之上的。刘焯认为，太阳每日的视运行数据可构成一个数列（用表格中的数来表示）。在张子信发现太阳视运动的不规则性之前，在推算二十四节气时，古人都认为，太阳在黄道上的视运行速度是不变的，可简单地把太阳视运行的路线等分成24份，对应着24个"气"，即每过15.22日为一个"气"。这种计算方法被称为"平气"。由于考虑到张子信的观测成果——太阳视运动是不均匀的，刘焯编纂《皇极历》时觉察到二十四节气皆应有"定日"（不应取平均值），他先把太阳运行的路线平均分为24个等份，再利用内插法算出每个节气的差值，因此，24个节气就"不等间距"了，但是与太阳实际运行的路线和相对某时刻的位置是一样的。利用这样的算法得到的24个节气就被称为"定气"。刘焯说："春、秋分定日去冬至各八十八日有奇，去夏至各九十三日有奇。"这里，他把秋分"定日"后到春分"定日"前平均分为12段，每气14.54日；春分"定日"后到秋分"定日"前也平分为12段，每气15.45日。不过，刘焯还没有完全搞清楚太阳视运行速度的变化和季节天数的加减关系，实际上，这仍然算不上"定气"。为此，唐代天文学家一行批评刘焯的"定气"，即在达到春分点或秋分点的位置时，太阳视运动的速度发生剧烈的变化。一行指出："（刘）焯术于春分前一日最急，后一日最舒；秋分前一日最舒，后一日最急。舒急同于二至，而中间一日平行，其说非是。"这也说明刘焯对"日行在春分后则迟，秋分后则速"（张子信）的理解是有偏差的。由此可见，人们对太阳视运行的速度变化经历了曲折的认识过程。

开皇二十年（600年），皇太子杨广[本名英，小字阿㧐（chuāng），569—618年]征召历算专家，刘焯就把他的历法起名为《皇极历》，献给朝廷。《皇极历》首次考虑到太阳视运动的不均匀性，并提出运用内插法来计算日月五星的运行速度，进而使用"定气"之法（尽管还不完善）、日食月食出现的地点和时间推算二十四节气，这比以前诸历精确了许多。

尽管刘焯的《皇极历》还有一些问题，但他推定的每76.5年春分点在黄道上西移一度的岁差，与现行数值

刘焯思考内插法

非常接近。《皇极历》在当时是最先进的天文历法，体现出刘焯研究天文学已有相当高的水平。唐代高宗时（650—683年），李淳风就是依据《皇极历》编制了《麟德历》，从而被推为古代名历之一。

历法之争

在隋朝建立之初，新王朝自然要采用新的历法。开皇四年（584年），朝廷采用《开皇历》，这是依据《元嘉历》改编而成的"新历法"。刘焯马上发现，其中采用的数据比较粗糙，算法也较为简陋。刘焯和张子信的学生刘孝孙还对《开皇历》中不用岁差提出批评。

开皇八年（588年），刘孝孙上书朝廷，主张停用《开皇历》，而建议使用他编制的新的历法——《孝孙历》。虽然朝廷支持刘孝孙，但并无意改用新的历法。刘孝孙为了达到改革历法的目的，采用了一个极端的做法——他拿着编写的《孝孙历》，让门人抬着棺材到皇宫门口以死相谏。这时，隋文帝杨坚（小字那罗延，541—604年）开始受理此事，便组织人员对《孝孙历》进行评审。结果，对历史上出现的25次日食记录进行验证，《孝孙历》都胜过了《开皇历》。隋文帝很满意《孝孙历》的精度，但仍未马上颁行新历法。这时，刘焯也改进了自己的《皇极历》，进献给朝廷，但也未被采用。

此后，为了取代《开皇历》，一位名叫张胄（zhòu）玄的官员开始主持编纂新历法。张胄玄拿到刘孝孙的历法稿本之后，略加改写，就交给了皇帝，并获得了皇帝的首肯。在开皇十七年（597年），朝廷下诏，颁行新历法，并名之为《大业历》。

果然，在《大业历》颁行之后，刘焯指出张胄玄抄袭刘孝孙的《孝孙历》，并上书太子杨广，指出了张胄玄的历法中有大小错误530多条。同时，刘焯向朝廷进献了他改进的历法《皇极历》。这时，刘焯还被任命为太学博士，他要求罢免张胄玄，未被接受，刘焯便辞职回乡。在隋炀帝登基之后，想颁行新历，有心采用《皇极历》，但遭到张胄玄等人的极力反对，因此未能改历。不久，刘焯于大业六年（610年）去世。

在《皇极历》中，刘焯首次考虑太阳视运动的不均匀性，他利用二次内插法推算出五星位置和日食、月食的时刻，这是中国历法史上的重大突破。然而，由于刘焯在和张胄玄的争论中落败，加上他也很偏执，虽然一直为自己的历法进行宣传，试图被朝廷采用和颁行，但终未能如愿。直到唐代麟德二年(665年)，李淳风编制《麟德历》时采用了刘焯的新法。

刘焯和张胄玄朝堂争辩历法

九 博学通儒，无出其右——刘　焯

刘焯一生不得志，特别是他的内插法未被人们认识到价值，但他的学术成就仍被后世学者所推崇。他回乡之后，写出了《论浑天说》，但未能呈送朝廷便去世了。

这样看来，历法之争本来相当于一个"学术事件"，由于刘孝孙、刘焯和张胄玄等人意气用事，把事情演变成了一个带有浓厚政治色彩的事件。也就是说，双方都采用了相互压制的、比较极端的做法，最终使历法之争"变了味"。这个教训是值得后人吸取的。

怀疑"千里寸差"的说法

在中国古代，人们大都以 8 尺之表立竿测影，古人把这个影子称为"日影"。在汉代流行着一个说法"南北相差一千里，日影相差一寸"，也可简称为"千里寸差"。在《周髀算经》中表高 8 尺，在《淮南子》中表高 1 丈，但都是一个说法——"南北相差一千里，日影相差一寸"。在张衡的《灵宪》中也有类似的说法。这明显是有问题的，但却没有人认真对待。直到南朝宋元嘉十九年（442年），才有人在交州（今我国广西和越南中部与北部）测量日影，发现在夏至时的日影在表影向南 3 寸 2 分，而阳城（在今山西省）的日影长 1 尺 5 寸，相差 1 尺 8 寸 2 分，但两地相差约万里。因此，何承天算得的平均值约合 600 里差 1 寸。这样，何承天实际上已经否定了"千里寸差"的说法，但何承天并未对旧有的说法提出反驳。批驳"千里寸差"说法的第一人是刘焯。

在隋大业元年（605 年），刘焯上书隋炀帝时指出，这种"千里寸差"的说法"事不可依"，他举出交州影长的数据，指出"千里一寸，非其实差"。他还指出，应该用实测来校正这个说法（"斯正其时"），使"天地无所匿其形……效象除疑"。刘焯还提出了测验之法及可实施之计划，但未能实施。他提出的做法是，在黄河南北平原之地，正南正北的方向上相距数百里的不同地点，同时测量日影，再比较两地的距离和日影的长度，借此就可验证其说之正误。

到唐代初年，李淳风同意刘焯的看法，并开始搜集各地日影的资料。他发现，在梁代大同年间（约 540 年），在南京测日影的长度为 1 尺 1 寸 7 分。北魏公孙崇等人在永平元年（508 年），在洛阳测量的日影长度为 1 尺 5 寸 8 分。南京到洛阳，南北相差约千里，日影长度差 4 寸。这就说明，相距 250 里，日影长度相差 1 寸。何承天的数据是 600 里差 1 寸，这两个数据相差得大了一些。因此，李淳风在注释《周髀算经》时批驳了"千里寸差"的说法，并指出"千里之言，固非实也"。

当然，刘焯和李淳风都没有进行实际的测量，但是，他们的看法是正确的，他们反对因循守旧，提倡探索真理的科学精神是应该加以提倡的。

刘焯的才华，在受到人们称颂之时，也有人产生了嫉妒之情。但就刘焯的脾气看，他的确有些狂傲，甚至目中无人，在 42 岁那年被削职。

刘焯的创见和一些论断，在当时虽未被采纳，但在后世却被人们所接受，或在他的研究基础上发展、改进，因而他对科学的贡献是不容磨灭的。他的门生弟子很多，成名的也不少，其中衡水县的孔颖达和盖文达就是他的得意门生，孔颖达和盖文达后来成为初唐的经学大师。

刘焯的《皇极历》很可惜未被采用，但他对天文学的研究已达到了很高水平。唐初李淳风依据《皇极历》编制出的《麟德历》被推为古代名历之一。定气法也是刘焯的创见。但是，废除传统的平气法而使用他创立的定气法，这一主张直到 1645 年才被颁行的《时宪历》采用，从而完成了中国历法上第五次也是最后一次大改革。

十 世界上第一个给风定级的人
——李淳风

在民间流传着许多关于李淳风的故事，例如，他曾向唐太宗李世民预测过武则天篡权的后事，认为李氏宗室的子孙会遭到杀戮，颇有神仙预言的意味。其实，李淳风是一位很有成就的数学家和天文学家。

天文研究四十年

李淳风的父亲李播是陕西凤翔人，在隋朝时曾任县衙小吏，不得志而弃官为道士，自号黄冠子，注《老子》，撰《方志图》（十卷）和《天文大象赋》等。流传下来的《天文大象赋》是一篇文学性作品，用通俗的语言讲述了一些基本的天文知识。

李淳风（602—670年）是唐代天文学家、数学家和易学家。从小被誉为"神童"的李淳风聪慧好学，博览群书，尤其喜欢天文、历法、数学。隋大业七年（611年），9岁的李淳风远赴南坨山静云观拜至元道长为师。唐高祖武德二年（619年），经李世民好友刘文静的推荐，李淳风成为秦王府的记室参军。由于李淳风在天文历算上颇有研究，当朝廷在争论有关东都道士傅仁钧制定的《戊寅元历》之时，李淳风也参加了。在贞观元年（627年），25岁的李淳风上书，对《戊寅元历》提出 18 条意见，唐太宗采纳了 7 条意见，这使李淳风得以进入太史局，被授予将仕郎的官职。

到了太史局之后，李淳风对当时观测天象的各种仪器很不满意，为此上书朝廷要求重新制作。他认为应该编制新的历法。贞观十四年（640 年），李淳风升任太史丞；贞观二十二年（648 年），李淳风被任命为太史令；显庆元年（656 年）初，李淳风被封为昌乐县男。李淳风一生的主要工作是制作天文观测仪器和编制历法。

他在太史局供职 40 年，在担任太史丞后就参与了《晋书》和《隋书》的编写工作，他负责的是天文志、律历志和五行志的部分。他写的《晋书·天文志》是古代天文著作的名篇。在这部分内容中，李淳风表述了他对彗星运动规律的认识。他认为，彗星会受到太阳光照射，并且其彗尾总是背着太阳。这个看法比西方早了 900 多年。

到唐高宗时，《戊寅元历》出现了较大的误差。这时，李淳风根据隋朝刘焯的《皇极历》编制成《麟德历》。

咸亨元年（670 年），李淳风去世，其子李谚和孙子李仙宗继承天文历算之家学，也都当过太史令。

李淳风观测彗星

编写史学和数学著作

李淳风在为《晋书》和《隋书》编撰几个"志"书时，对有关的天文和气象记录进行了整理和分类，并对许多概念进行了注释。

为了使算学馆的学生更好地学习十部算经的内容，唐高宗李治命令太史令李淳风和算学博士梁述、助教王真儒对十部算经进行注疏，这十部算经合称《算经十书》。那么这十部算经到底是怎样的教科书？它们是什么年代成书的？作者又是谁？

十部算经中最古老的是《九章算术》。《九章算术》大约成书于秦代或西汉。这部书标志着我国古典数学体系的建成，在中外数学史上都占有极其重要的地位。

《周髀算经》是汉代成书的算术著作。书中讨论的是周代数学家研究的问题。其中最著名的是勾股定理（"勾三股四弦五"），西方人将这条定理称为"毕达哥拉斯定理"。《周髀算经》中还涉及分数的计算。

《孙子算经》（三卷）的作者不知是何人，成书年代在南北朝之前。在这本书的下卷中有一个有趣的"物不知数"问题，被后人称为"孙子问题"。

《海岛算经》是魏晋时期数学家刘徽的著作。书的本名是《重差》，是一部测量学的著作。由于书中第一个问题是测量海岛高度和距离的问题，因此又被称为《海岛算经》。

《夏侯阳算经》已失传，它的写作年代无法考证，现在的版本是转刻的。书中的内容是用速算求解日常的计算问题。

《五曹算经》据说是魏晋时期的著作，内容包括田曹、兵曹、集曹、仓曹和金曹五个方面，合称为"五曹"，主要解决的是一些实用问题。

《张邱建算经》是南北朝时张邱建所著，内容包括等差级数、最大公约数、最小公倍数和不定方程等问题的求解。

《五经算术》的著者是北周的甄鸾，它的许多内容同《数术记遗》类似。后者据说是汉朝人撰写的。

《缀术》是南北朝祖冲之和他的儿子祖暅合写的，写作水平很高，内容艰深，后来失传。

《缉古算经》是唐朝王孝通所著。王孝通曾任算学博士和太史丞。书中对三次方程的正根进行了求解，王孝通是对该类问题最早求解的数学家。

这十本书经过李淳风等人的注疏，正式定为唐朝的"统编教材"，对数学研究和数学知识的普及有很大贡献，同时，李淳风等人的努力也使这十部算经中的多数内容得以流传下来，他们的功绩是不可磨灭的。

在注释这些算经时，李淳风也甄别了一些重要的历史事实。如在注释《九章算术》中的"少广章"的开立圆时，他记述了祖暅原理❶和球体积公式的研究成果，为我国保存了一条重要的科技史料。当然，李淳风也有不少错误的认识，如他贬低刘徽的

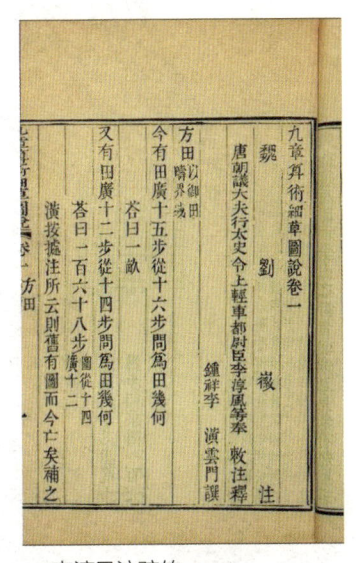

■ 李淳风注疏的
《九章算术细草图说》

---

❶ 祖暅原理是一个关于几何求积的著名命题。祖暅在求球体积时，使用一个原理："幂势既同，则积不容异"。"幂"是截面积，"势"是立体的高。意思是两个同高的立体，如在等高处的截面积相等，则体积相等。更详细点说就是，介于两个平行平面之间的两个立体，被任一平行于这两个平面的平面所截，如果两个截面的面积相等，则这两个立体的体积相等。

工作是不妥当的。囿于历史的局限，李淳风的迷信也是显而易见的，这些都要加以扬弃。

风力的级别

早在商代就已有关于风向器——"伣"（xiàn）的记载，它类似小旗，在风的作用下，布条指示着风向。到了汉代，人们又发明了铜凤凰和相风铜乌。晋

李淳风观察风

代出现了相风木乌。为了满足军事上的特殊需要，唐代还改进了"𠵈"，利用鸡毛来代替布条。李淳风在《乙巳占》一书中对这种装置作了详细的记载。

李淳风对风向作了规定，在《乙巳占》中，他用8个天干、12个地支和4个卦名（四维，即四角）的组合分别表示24个风向。这些方向的名称是：

8个天干：甲、乙、丙、丁、庚、辛、壬、癸。

12个地支：子、丑、寅、卯、辰、巳、午、未、申、酉、戌、亥。

4个卦名：乾、坤、艮、巽。

其实这24个风向是古人常用的方向标示术语，像司南中的"地盘"就用这24个术语标示方向。

李淳风依据风力对各种物体的影响或破坏程度来确定风力级别。他定出了8个级别：

1级，树叶动；2级，小树枝响；3级，大树摇动；4级，树叶刮掉；5级，折断小树枝；6级，折断大树枝；7级，折断树木和飞扬沙石；8级，拔起树木和树根。

此外，还有"无风"和"和风"（一种清凉、温和的风，不起尘埃）两级，一共分成10个级别。

研制黄道浑仪

李淳风在太史局学习和研究天文、历法、算学以及天象仪器制作技术，颇有所得。李淳风之所以能编出新的历法，也全靠那些年获得的各种观测数据。

浑仪出现于战国时代或西汉时期，是重要的观测仪器。看上去，仪器由若干个圆环组成，在圆环上有刻度，借此测出各种数据。浑仪的样式，几百年下来基本上没有发生变化。李淳风进入太史局时发现，当时所用的铁制的浑仪，由于使用的时间太久了，运转起来不太灵便了，刻度也磨损得有些模糊了。为了提高观测的精度，就要改进浑仪的结构，研制新式浑仪。李淳风曾向唐太宗上书建造新式浑仪，请求得到了唐太宗的批准。贞观七年（633年），李淳风终于制成了新式浑仪，并为新的浑仪起了个新的名字——"浑天黄道仪"或称为"黄道浑仪"。唐太宗以制作浑仪之功加授李淳风为承务郎，并令其将浑仪置于凝晖阁。

新的浑仪结构与以前的不同，李淳风在原来的赤道环上又装上了一个黄道环。其实在此前，就有人在浑仪上装上了黄道环，但是，由于地球有自转，天上的黄道并不像赤道一样是保持不变的；也就是说，黄道是在不断变化的。应该怎样把黄道环装在浑仪上呢？即如何调试黄道环使之与天空中的黄道保持对应呢？李淳风在赤道环上刻下二十八宿的位置，而黄道环则按照春分点的位置牢固地与赤道环固定在一起。只要装在赤道环上的二十八宿刻度与天空中的二十八宿的位置对准，黄道环自然就与天空中的黄道位置吻合上了。

新式浑仪将原来的两重浑仪改为三重。它的最外为六合仪，中间是三辰仪，最内是四游仪。在此之前的浑天仪，只有四游仪和六合仪两层。在这二者之间加的三辰仪是李淳风所发明的。

三辰仪的直径是8尺，包括黄道环、内赤道环，还有白道环。黄道和白道分别是太阳和月亮的视运动轨道。赤道是天球赤道，是地球赤道面与假想的天球的交线。新的浑仪对黄道经纬、赤道经纬、地平经纬均可测定。

浑仪中最基本的是四游仪。它是一个双重的圆环，包括一个可绕赤极轴旋转的四游环和一个望筒（也叫窥管）。望筒能随四游环东西旋转，可在双环内滑行，又能南北旋转，可指向天空任一位置,测定星体的赤道坐标。望筒可在双环内改变观测方向。这个双环也可以绕着支点运转。这就可使双环所在的平面扫过全天球,并可指向天空中任何一个方位。在历史上制作的任何一个浑仪,四游环都是最基础的。

李淳风主持设计和制造的浑仪成为后世浑仪制作的典范,他第一次把浑仪分为六合仪、三辰仪、四游仪三重,其影响是深远的。唐开元十一年(723年),一行与梁令瓒制作的黄道游仪也是三重之制。北宋制作的"皇祐浑仪"(1050年)也基本上是按李淳风的设计制造的。北宋末的苏颂和韩公廉制作了一架水运仪象台,这是一架包括浑仪、浑象、报时装置三大部分的天文仪器,其浑仪部分也与李淳风的浑仪大体相同。

编制《麟德历》

在李渊称帝后不久,傅仁钧依据大业年间使用的历法改编成新的历法,称为《戊寅元历》(因为李渊于戊寅年即618年登基)。《戊寅元历》较为粗糙,在颁行之后的第二年,预报日食就未应验。这受到算历博士王孝通的批评。后来有所改进,但还是不准。李淳风进入太史局后曾与傅仁钧就历法问题产生过争论,并表示应该改革旧的历法。贞观十四年(640年),唐太宗于冬至日到南郊祭天,历法又出了问题,为此孔颖达(时任国子祭酒,相当于大学校长)就表示支持李淳风改历。

在天文历法的研究与发展中,观测活动是基础工作。李淳风非常重视观测,特别是对前人较为粗糙的观测数据认真进行了纠正。对于测报日食和月食之类的重要天象,他都认真进行测算。例如,一次测报的日食在某月初一发生,在测算之后,就上报朝廷。由于古人认为出现日食不吉利,人们要祈祷,还要进行禳(ráng)

灾活动，民间用敲锣打鼓之类的办法来避祸。在这一天，唐高宗李治也来观看。可是到了预报出现日食的时刻，并没有什么动静，这使唐高宗有些不高兴，他认为，这是一种谎报日食的举动，是欺君的行为，应该杀头（远古时的羲和就被杀了）。但李淳风却很有信心，并表示，如无日食发生，就甘愿受死。再等了一时，日食还未发生。唐高宗就很不耐烦了，对李淳风说，应该回家一趟与家人告别了。李淳风却在墙上作了一个标记，对唐高宗保证，日光再走上半指，日食就会发生了。果真，时间很快就过去了，而日食也发生了，只见太阳表面开始出现一个黑影。百姓为了禳灾而忙着敲锣打鼓，百官也都跪下来祈祷，祈求平安。

虽然测报日食有误差，李淳风却趁此机会向唐高宗建议编制新的历法，以保证像预报日食这样的天象能够准确无误。经过努力，他终于成功编制出《麟德历》，朝廷也向全国颁行了这一新的历法。

在编制新的历法之前的很长时间，李淳风已经仔细地研究过隋朝刘焯的《皇极历》，在改历之时，他使用的计算方法多采用了刘焯《皇极历》中的方法。李淳风认为，《皇极历》是一部优秀的历法，要吸取其中的长处，最主要的是像刘焯那样，要引入太阳视运动不均匀的数据，采用定朔法，并运用二次内插法来推算由于太阳的不均匀运动和月亮的不均匀运动产生的定朔时刻的校正数。

这个方法的确是一项杰出的成就，甚至在 1 000 多年之后，清代中叶的数学家李善兰就专门写了《麟德历解》一文，对刘焯和李淳风的杰出算法大加赞扬，并告诫国人不要忘记老祖宗取得的辉煌成就。

李淳风在编制历法时也有创新。比如，在计算过程中，为了计算的方便，他把所有分数中的分母统一写成 1340。以 1340 为各种天体运行周期的奇零部分的公分母，使各种计算步骤大大简化了。他自己称为"绝妙至极"。这也为后来编制历法者所继承下来。

在唐初，《戊寅元历》虽首次采用定朔法，但由于有关的计算方法未完全解决，所以又倒退到使用平朔法。为了使定朔法能站得住脚，李淳风在编制《麟德历》时改进了推算定朔的方法，为完成中国历史上采用定朔法这一改革作出了重要的贡献。

隋朝张胄玄的《大业历》、刘焯的《皇极历》、唐初傅仁钧的《戊寅元历》都考虑了岁差。遗憾的是，李淳风却否认岁差存在。他与数学家王孝通一起责难《戊寅元历》使用岁差，致使"岁差之术，由此不行"，所以《麟德历》不用岁差。后来唐玄宗开元十六年（728年），一行在编制《大衍历》时，才重新考虑岁差。

《麟德历》对后世历法有重大影响，被誉为唐代三大历法之一。它作为唐代优秀历法之一，被使用达63年（665—728年）之久。《麟德历》还曾东传日本，并于676年被采用，改称为《仪凤历》。

十一 《开元占经》的编著者——瞿昙悉达

约南北朝时,一名叫瞿昙(qútán)逸的印度人从当时的天竺(tiānzhú,印度的古称)国迁居到中国,后世居长安。瞿昙氏家族对印度的数学和历法非常熟悉,这个家族对唐朝的天文观测和历法修订是有贡献的,其中瞿昙悉达的贡献最大。

瞿昙悉达

天文世家

瞿昙悉达是著名的天文学家，他生活在唐高宗到唐玄宗年间（7世纪下半叶—8世纪上半叶）。从1977年5月西安市文物管理处发掘瞿墓所获墓志铭中得知，瞿昙氏家族"世为京兆人"，即长安（今陕西省西安市）人。瞿昙氏的5代世系是：瞿昙悉达之父名瞿昙罗，祖名瞿昙逸。瞿昙悉达的第4子为瞿昙譔（zhuàn），瞿昙譔有6子，依次名异、昪（biàn）、昱、晃、晏和昴（mǎo）。墓志铭称瞿昙逸"高道不仕"，他的后代从瞿昙罗至瞿昙晏，有4代供职于国家天文机构。瞿昙罗、瞿昙悉达、瞿昙譔和瞿昙晏都曾担任过太史令、太史监或司天监等职，共持续了110年。

说到瞿昙氏，要从印度的种姓制度说起。印度种姓分为4种，其中的刹帝利是一种高级种姓，权势很大，而瞿昙氏是这个种姓中的一个姓氏。在中文中，瞿昙也被译成乔达摩、裘昙等。

由于瞿昙悉达曾任太史令，因此，当时人们称瞿昙悉达为"瞿昙监"，称这一派编撰的天竺历法为"瞿昙历"。在《开元占经》（卷一）中记载，唐睿宗景云二年（711年），太史令瞿昙悉达奉敕作为主持修复北魏晁崇于北魏永兴四年（412年）所造的铁浑仪，并于唐玄宗开元元年（713年）完成。

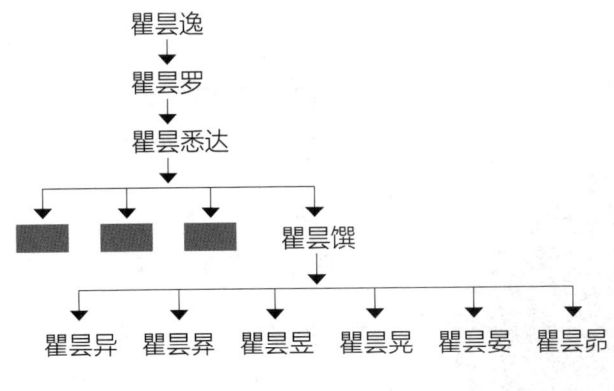

▬ 瞿昙氏的5代世系

十一 《开元占经》的编著者——瞿昙悉达

《开元占经》

瞿昙悉达编著了一些与天文学有关的著作，其中最重要的是《大唐开元占经》（简称《开元占经》）。这本书是瞿昙悉达在开元六年（718年）到开元十四年（726年）编写的，是瞿昙悉达一项意义重大的工作。该书曾流传到日本。由于战乱，此书曾一度失传，到明朝时才被重新发现。

《开元占经》共120卷，书中的内容非常丰富，有许多关于天文星象和各种物异的占语。占语是古人用于判断吉凶的用语。在天文学方面，有名词解释、宇宙理论、日月五星的运行，同时还有对远古时期3位著名的天文学家——甘德、石申和巫咸的介绍。书中还保存了大量的古代天文学论著，例如，张衡的《灵宪》和《浑天仪图著》，以及甘德、石申和巫咸的《星经》等，这使许多已散失的珍贵史料得以保存下来。又如，《石氏星经》中有121个恒星的赤道坐标，这些数据就是靠《开元占经》的记载才流传下来的。《开元占经》对历史上的历书也广为辑录，这些历书的许多基本数据都是宝贵的资料，由此可以了解它们的水平。

《开元占经》保存了中国上古、中古的许多宝贵天文资料，以先秦甘德、石申和巫咸三家的"星经"为例，在西晋时，天文学家陈卓把这3部"星经"合编而成了一部。甘德、石申、巫

■《开元占经》部分内容

■《开元占经》

咸三家所著星图中，包括283个星官、1 464个星。这3部星经，最早的一家是巫咸的，但史料中关于巫咸的记载并不多。在隋代的史书中，记载下来巫咸的著作是《巫咸五星占》。在《开元占经》中对巫咸的"星经"材料收入不少，比《史记》和《汉书》中的记载要丰富得多。到宋代，人们又重新编纂了3人的"星经"，即《甘石巫咸氏星经》(一卷)。不过到了明代，此书又不见了。因此，关于巫咸的"星经"只能在《开元占经》中见到不多的内容。无论如何，如果没有《开元占经》，甘德、石申和巫咸的事迹大概就只能停留在"传说"上了。

编译《九执历》

瞿昙悉达于唐玄宗开元六年（718年）奉敕翻译印度历法《九执历》。《九执历》较为系统地介绍了当时印度的天文学，包括日月运动和日食、月食计算法等。例如，分周天为360度，分1度为60分，这与当时中国的分法是不同的。我国分周天为365.25度，就是太阳每天运行一度，即有"在天成度，在历成日"的便利。引进的内容还有以"30度为一宫的黄道十二宫，称为'十二相'；以两月为一季，一年分为6季，称为'六时'"的印度季节分法和三角术中的正弦函数。这部历法后来被录入《开元占经》中。

《九执历》还介绍了印度的十进制数码，这就是现在流行于全世界的阿拉伯数码，如用一个点表示十进位数字中的空位"零"。但是，这些印度天文学中的知识都未引起中国天文学家和算学家的重视，因而也未能对中国传统数学起到什么作用。《九执历》还引进了印度的一些计算方法，如笔算，中国人也未接受，依然使用中国的筹算，后来还过渡到珠算。

尽管当时的人对瞿昙悉达引进的数学和天文学大都不感兴趣，可是今人还是应当感谢这位印度裔的中国古人，他对中国科学的发展是有功绩的。

十二 身披袈裟的天文学家
——僧一行

僧一行雕像

在唐中宗年间（705—710年），年轻的一行和尚千里迢迢来到天台山国清寺学习演算，研究数学知识。一行和尚为什么要到国清寺来呢？还是先从他的家世谈起吧！

一行的家世和求学

一行（俗家名叫张遂，谥号"大慧禅师"，683—727年）是魏州昌乐（今河南省濮阳市南乐县）人，是著名的佛学家和天文学家。一行的祖上立过军功，曾祖父张公谨是唐太宗帐下的功臣，曾任襄州都督、郯国公，其父张擅为武功县令。张氏家族在武则天时代已经衰微。张遂少时聪敏，勤奋好学，博览经史，从不放松对学问的追求，还经常外出借书。元都观的尹崇道士博学，且收藏了很多古籍，他很欣赏张遂的学习精神，就将观里的藏书借给张遂读。有一次，张

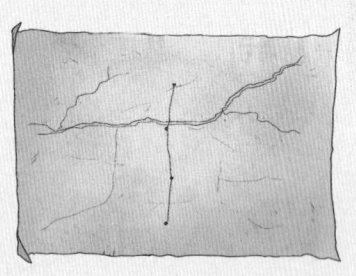

遂借到了汉代扬雄写的《太玄经》一书，回到家中，逐字逐句地读下来，弄懂了文章深奥的内容后，写出了一篇名为《义决》的体会，并根据《太玄经》画出了一幅《大衍玄图》。在还书时，他把体会和图呈给尹崇，请求给以指点。尹崇看后非常吃惊，称赞张遂是"后生颜子"（即颜回，孔子的高足之一）。

慢慢地，张遂在长安城有了名气，许多学者和名流都愿与他结交。甚至武则天的侄子武三思也附庸风雅，想结交张遂，但张遂并不愿与他结交，于是张遂就跑到中岳嵩山的嵩岳寺出家当了和尚。寺里的住持普寂给他起的法号叫"一行"，此后，人们就称呼他的法号"僧一行"了。

一行当和尚后对科学的兴趣依然不减，并得到住持普寂的支持。住持为了满足一行的愿望，介绍他去国清寺进行深造。这就是他来到国清寺学习的原因。

少年张遂（左）呈书给道士尹崇（右）

国清寺4年的学习，使一行的学识更加渊博。此后，一行只要听说哪里有知名的学者，都要前去拜求。一行的易学水平非常高，并写过一些书。此外，他学习了梵（fàn）文（印度古文），以求更好地研究佛学。

唐玄宗李隆基（685—762年）继位后，很欣赏一行的才学，就于开元五年（717年）命一行的族叔前去嵩岳寺把一行请到朝廷。到长安后，唐玄宗要他还俗做官，但是一行不同意。玄宗只得尊重一行的意愿，安排他到华严寺继续研究佛教的经典。

一行一生的科学成就大都体现在对天文学的理论研究和编制历法上。例如，他与府兵曹参军梁令瓒（zàn）一起研制了水运浑象，他们的设计比汉代张衡的设计有所创新。他还组织了大规模的恒星观测活动，发现恒星并不是静止的。他通过实施大规模的测量活动，对古代流行的"千里寸差"的错误说法给予了纠正。他所编制的《大衍历》是中国历史上优秀的历法之一。他在制造天文仪器、观测天象和主持天文大地测量方面都有重大的贡献。

黄道游仪和水运浑象

一行主张在实测的基础上编订历法。为此，首先需要有测量天体位置和运动的仪器。他于开元九年（721年）与梁令瓒一起设计了黄道游仪。梁令瓒曾在兵部负责训练士兵的工作，还是书法家和画家，他的画风很像著名的画家吴道子（又名道玄，约680—759年）。一行和梁令瓒首先制作了一些小模型进行试验，新的模型称为"黄道游仪"，它是前人制作的"六合仪"和李淳风发明的"三辰仪"的有机结合。

黄道游仪像个大圆球，它分3层，共10多个环。游仪上的窥管可以绕一个双环中心旋转，同时双环又能绕游仪的中枢轴旋转，所以，窥管可以瞄准天空中任何一点。除了一些起支架作用的圆环之外，有3个圆环最为关键，这就是与中枢轴垂直的天赤道环、指示太阳视运动轨道的黄道环和指示月亮绕地运动的白道环。重要的是，这3个环不是固定的，可以微调。这一点同过去的仪器有所不同。他们认为，赤道与黄道的交点是不固定的，而春分点和秋分点就不应当固定。因此，黄道环应设计为可以在赤道环上移位的，以符合岁差现象。（当时认为岁差是黄道沿赤道西退引起的，实则相反。）

他们用新制的黄道游仪观测日月五星的运动，测量一些恒星的赤道坐标和黄道相对位置，发现这些恒星的位置同汉代所测结果已有很大的变动。对于编制历法，这些观测数据都是很重要的。

唐玄宗很满意新制成的黄道游仪，接着又下诏研制新的水运浑象。水运浑象虽然早在东汉时已被张衡发明出来，但是新的水运浑象比起张衡的仪器是有所创新的。一行的水运浑象更加精巧和复杂，除了能模仿天体运行，它还能测定朔望，并附有报时装置可以自动报时。这一水运浑象在历史上所制作的浑象中占有独特的地位。

浑象借助水流冲击叶轮可以产生转动。在新的浑象的报时系统上，设有一个十分巧妙的计时机械。据史书记载，新的报时装置是自动的，它将两个木人立于地平上，用齿轮带动。其中一个木人前面放置着鼓，每一刻就自动击鼓；另一个木人前面放置着钟，每一辰（相当于两个小时）就自动撞钟。

水运浑象制成之后，唐玄宗曾在武成殿和景运门前进行展示，文武百官无不为其制作精妙而赞赏叹服，唐玄宗后来命人将它们安置在了天文台上。

现代机械式钟表主要是依靠擒纵装置来控制齿轮运动。这种装置在接受动力之后，就使齿轮转过一齿，而后将它锁住。这种一擒一纵的动作是周期性的，即是不断重复的。擒纵装置是现代机械钟表的心脏。在一行和梁令瓒的水运浑象中很可能使用了这种装置，这对北宋的水运仪象台的制作也是有启发的。

组织大地测量工作

关于影子的长度与两地间距离的关系，当时已经发现，如果观测地点不同，日食发生的时刻和所见食象都不同，日影长度和漏刻昼夜分也不相同，这种现象是过去的历法所没有考虑到的，为提升观测数据的准确性，就需要到各地进行实地测量，为此一行发起了大规模的测量活动。

早在隋代，刘焯曾向皇帝建议，应组织大地测量活动，以检验"千里寸差"的说法。遗憾的是，这一建议未被采纳。随着刘焯的去世，测量的事情便被人们遗忘了。

开元十二年（724年），一行和尚和太史监南宫说着手进行这一测量。他们建立了一个庞大的测量网，北到今蒙古国乌兰巴托，南到今越南中部的河内和顺化，大约是北纬 17～51 度的范围，远远超出了刘焯的设想。

最值得注意的是，当时南宫说亲率一支测量队，按刘焯的计划在黄河两岸平原地区的 4 个点测量，由北向南分别为：滑州白马（今河南省安阳市滑县）、汴州浚仪（今河南省开封市）、许州扶沟（今河南省周口市扶沟县）、豫州上蔡（今河南省驻马店市上蔡县）。其中白马在黄河北，其他 3 点都在黄河以南。这几个地点分布的范围在东经 114.2～114.5 度之间，差不多在同一经度上（即刘焯所说的"南北使正"）。测量的结果是，滑州白马到豫州上蔡的距离约 263.45 千米，北极高度差是 1.5 度，折合约 175.63 千米的距离

僧一行和南宫说测量大地

上北极高度相差1度。折合成今天的数值约为子午线1度差约为131.73千米（现代值约为110.6千米）。这相当于地球子午线1度的长度。在汇总了各地的测量数据后，一行的测量值与现代值相比，相对误差大约为19%。这表明"千里寸差"的说法是错误的。这里的"北极高度"指的是北极星的地面高度，在北半球，其数值等于当地的地理纬度。

编制《大衍历》

唐朝开元九年（721年），因为几次预报日食不准，唐玄宗命一行主持修历工作。

从开元十三年（725年）起，一行开始编历。开元十五年（727年），他与同事一起参考《九执历》，草成新历，但在这一年一行去世了。后经一行的同事张说和历官陈玄景等人整理，于开元十七年（729年）完成，定名为《大衍历》并正式颁行。但是，也有人对《大衍历》提出了问题，认为《大衍历》并不够精准，为此将几部旧的历法与《大衍历》进行比较，最后发现，几部旧的历法符合天象者不过十之三四，而《大衍历》则可达到十之七八。可见，在这些历法中，《大衍历》的精度最高。能有如此之精度，得益于一行采用了一些新的方法。像李淳风一样，一行也很重视刘焯的内插法，并且采用"定气"的方法。不过，对于"定气"的认识，一行的看法是比较高明的。

在观测过程中，既有张子信的观测基础，又有刘焯的"定气"可借鉴，还有刘焯的内插法可应用，一行发现，太阳在冬至时视运行速度最快，以后逐渐变慢，到夏至最慢，故二气间运行的时间最长；以后又逐渐加快，到秋分速度平缓，而后继续加快，到冬至时最快，故二气间运行的时间最短。在这样的基础上，一行提出的"定气"概念才是正确的。一行把太阳视运行一周年的变化，从冬至开始，均匀地分为 24 个等份，太阳每到一个等分点就是一个节气的开始，这就是"定气"。具体地看，在冬至附近，如冬至、小寒、大寒和立春等节气都应用定气。

由于太阳运行到每个节气所需要的时间不是相等的，在提出正确的定气概念以后，一行在计算太阳运行时的变化就自然采用以定气为插值间隔。至于插值法则基本上是沿用刘焯的方法。具体地说，太阳到冬至附近运行得快，所以两个节气间的时间短，但夏至附近则相反，两个节气间的时间要长一些。这一点与刘焯的看法一样。从冬至到春分的 6 个节气间，太阳运行 91.31 度所花费的时间为 88.89 日；而从春分到夏至也是 6 个节气，太阳运行 91.31 度所花费的时间为 93.73 日。秋分前后与春分前后略同。在这一点上与刘焯的看法不同。这样，一行在编制《大衍历》时把一年内的变化趋势加以考虑，太阳视运动速度在冬至附近最大，以后逐渐变小，夏至时最小，之后又逐渐增大。由于太阳视运动的变化，这相当于把冬至作为太阳与地球之间的近日点，把夏至作为远日点。

一行的插值法与刘焯算法实质完全相同，《大衍历》是首次实现以定气为间隔来插值的。

开元二十一年（733 年），《大衍历》传入日本，其后沿用近百年。一行的卓越成就使他能够跻身于著名天文学家的行列。我国现代天文学家把一颗小行星（编号为 1972）命名为"一行"，以纪念他在天文学上的贡献。

小贴士：国外的大地测量活动

最早根据日影长度计算地球周长的是古希腊科学家埃拉托色尼，约在公元前240年，他根据亚历山大港与阿斯旺之间正午时分不同的太阳高线及三角学计算，以斯塔蒂亚（stadia）为单位计算出地球的直径。斯塔蒂亚是古希腊的长度单位，各地不一。如按雅典的长度算，则地球周长为46 620千米，比今值多了17.1%；若按埃及的长度算，则地球周长为39 690千米，其误差小于2%。

814年，人们对子午线进行了实测，在一行之后90年，由天文学家阿尔·花剌子米（约783—850年）参与组织，在幼发拉底河平原进行了一次大地测量，测算结果得出子午线1度弧长为111.815千米（现代理论值为110.6千米），可称相当精确。

十三 尚书御史翰林第，将相公侯观天文
—— 苏颂

五朝元老苏大人

苏颂（字子容，1020—1101年）是著名的天文学家和药物学家。他出生在泉州同安县（今福建省厦门市同安区），退休后定居到了丹阳（今江苏省镇江）。苏颂从小就受到很好的教育，他非常热爱读书。5岁的时候，就能够背诵《孝经》和一些古今诗词。他一生博览群书，治学精深，深通经史百家，学问涉及图纬、算法、音律、星历、山经、本草等领域，是一位学识渊博的大学者。

苏颂五岁背诵《孝经》

十三 尚书御史翰林第，将相公侯观天文——苏 颂

22岁时，苏颂考中进士，从此进入仕途。他先后担任过宿州（今安徽省宿州市）观察推官、江宁知县、南京留守推官等地方官。皇祐五年（1053年），苏颂被调到了京城开封，担任馆阁校勘、集贤校理等职务。这些职务多是负责书籍编订工作，这对于苏颂来说是如鱼得水，让他有机会接触到皇家的丰富藏书。任职的9年时间里，苏颂每天都背诵一段书，回家后默写下来，从不间断，终于积沙成塔，积累了渊博的知识。

苏颂先后经历了仁宗、英宗、神宗、哲宗、徽宗5位宋代的皇帝。宋哲宗的时候，他先担任刑部尚书，后担任吏部尚书，最后一直做到了宰相。作为历史上的杰出人物，苏颂虽然官位显赫，但是他的主要贡献却是在科学技术方面，特别是医药学和天文学方面的贡献尤为突出。

苏颂编校《本草图经》

嘉祐二年（1057年），苏颂担任校正医术官，与掌禹锡等四人主持编校《本草图经》。历时四年，完成了《本草图经》（二十一卷）。该书是我国第一部流传至今的配图本草著作，为明代李时珍编著《本草纲目》打下了良好的基础。

元祐元年（1086年）十一月，苏颂又奉命校验新旧浑仪。他召集了一批能工巧匠，用了6年的时间，在元祐七年（1092年）成功制造出了闻名于世的水运仪象台。苏颂在水运仪象台里面把时钟机械和观察用的仪器结合到一起，这一做法比英国科学家罗伯特·胡克早了6个世纪。

配合水运仪象台，苏颂还撰写了仪象台的说明书——《新仪象法要》（三卷）。这部天文学和机械学的杰出著作，记载了我国现存最早的机械设计与天文图纸60幅，绘制机械零件150余种，是世界上保存至今最早最为完整的机械学资料之一。

书中记录的《浑象紫微垣星图》《浑象东北方中外官星图》和《浑象西南方中外官星图》等14种星象图，应该是我国现存的最早的全天星图。其中的5幅星图中，记录的星数达到了1 464颗，而西欧到了六七百年后才观察到1 022颗。英国著名的科技史专家李约瑟称苏颂是"中国古代和中世纪最伟大的博物学家和科学家之一，他是一位突出的重视科学规律的学者"。

建中靖国元年（1101年）五月二十日，苏颂在润州（今江苏省镇江市）去世，享年81岁。得知苏颂去世的消息，当时的皇帝宋徽宗下令停朝两日，并追赠苏颂为司空、魏国公。

水运仪象台的结构

关于水力驱动浑象的结构并不新鲜，汉唐时期的机械专家（如张衡和一行等，他们恰好也是天文学家）已基本上可以制造出来了。但是，苏颂与韩公廉并不简单地模仿前人的设计，他们研制出新的仪器，并采用了新研发的结构。韩公廉是一位机械专家，擅长数学。他先制成一个水轮驱动装置，写出了《九章勾股测验浑天书》。韩公廉的模型得到了苏颂的赞扬。此后，水运仪象台从元祐元年（1086年）开始设计，花了6年的时间才完成。它将观测天象的浑仪、演示天象的浑象、计量时间的漏壶和报告时刻的机械演示装置集于一身。这是一件综合性天文仪器，看上去，就相当于一座小型的天文台。

根据《新仪象法要》中的记载，水运仪象台是一座底为正方形、下宽上窄略有收分的木结构建筑，高大约有12米，底宽约7米，共分为3层。

上层是一个露天的平台，设有浑仪一座，用木质的龙柱支持，下面有水槽以定水平。浑仪上面覆盖有遮蔽日晒雨淋的木板屋顶，为了便于观测，屋顶可以随意开闭，构思比较巧妙。露台到仪象台的台基有7米多高。

中层是一间"密室"，里面放置浑象。天球的一半隐没在"地平"之下，另一半露在"地平"的上面，靠枢轮的带动旋转起来，一昼夜转动一圈，能准确地模拟星辰出没等天象的变化。

下层包括报时装置和驱动整个仪象台运转的动力机构等。在向南打开的大门里装置有5层木阁，其中有一套机械传动系统。在下层的中央部分装有一根"枢轮"。枢轮上有72条木辐，夹持着36个水斗［也称为"戽（hù）斗"］和勾状铁拨牙。每个水斗用转轴固定在轮辋上，因此是可绕转的。表面看上去，水斗也是轮辐的一部分。枢轮旁边放置的漏壶，下面的壶被称为"平水壶"。平水壶的水可注入水斗（相当于一个受水壶），水满时，水斗（产生的力矩）驱动枢轮转动。当水斗倾覆而把水洒出后又转过一个新的水斗，然后接着注水，注入这个新的水斗。这就形成一种等间歇的运动，从而确保整个仪器的运转是均匀的。

■ 水运仪象台模型

　　仪象台的纵向有一个上下贯通的可转动的"天柱"，它是一个主轴。在这个主轴上分别安置了3个轮，它们分别带动浑仪、浑象和报时机构，并都与枢轴连接，枢轴借助齿轮带动天柱，并使整个仪象台运转。从水运仪象台下层的动力机构看，这是一个"庞大的"齿轮系。枢轮是整个台体的动力轮，并受制于平水壶的水流。当平水壶注入"水斗"的水量达到一定的程度，可使水斗转动，

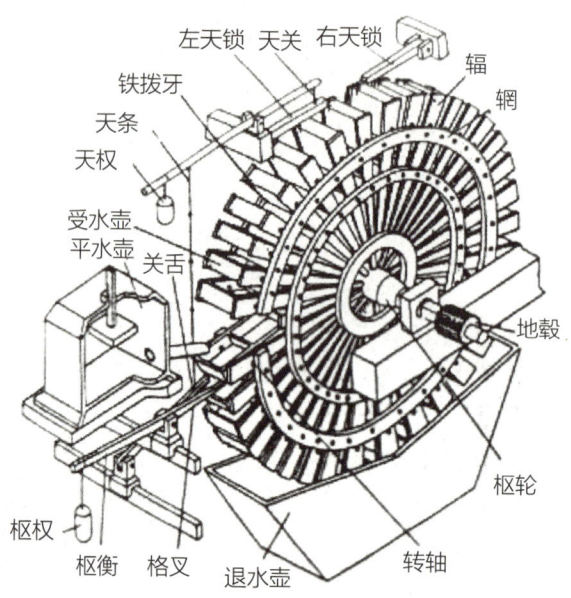

■ 水运仪象台枢轮及擒纵机构推想图

■ 水运仪象台枢轮及擒纵机构模型

并带动旁边的天衡和关舌。

绍圣二年（1095年），苏颂写出了《新仪象法要》，这是中国现存的最早的有关古代天文仪器的图著。该书用图详细描绘出水运仪象台的结构。从图中可以看出，齿轮系统受到"天锁"——"擒纵器"的控制，水轮可以驱动计时装置，还能驱动演示天象的浑象和观测仪器浑仪。可见，苏颂和韩公廉的设计非常巧妙，天衡是水运仪象台设计中的一大创造，并且可视为机械钟表的擒

■ 水运仪象台枢轮及擒纵机构局部细节

纵器（也被称为"卡子"）的始祖。他们研制的水运仪象台在世界天文学史和机械学史上占据着重要的地位。英国科学史家李约瑟认为，苏颂在时钟上利用的擒纵器比欧洲早了3个世纪。

水运仪象台代表了中国11世纪末天文仪器的最高水平。它具有3项令世界瞩目的发明：首先，它的屋顶被设计成可开闭的，是现代天文台活动圆顶的雏形；其次，它的浑象能一昼夜自动旋转一周，是现代天文跟踪机械转移钟的先驱；最后，它的报时装置能在一组复杂的齿轮系统的带动下自动报时，报时系统里的锚状擒纵器是后世机械钟表的关键部件。

十四 中国科学史中的卓越人物
——沈 括

北京古观象台的沈括像

沈括身世

沈括(字存中,号梦溪丈人,1031—1095年)是北宋政治家和科学家。1031年,他出生在杭州钱塘的一个官宦家庭,祖父、伯父、父亲都是宋朝的官员。

沈括自幼勤奋好学,14岁就读完了家里的藏书。因为父亲曾在不同的地方做过官,沈括也因此有机会跟随父亲到过很多地方,广泛而深入地接触了社会,增长了见识,这个过程中他表现出了对大自然强烈的兴趣和敏锐的观察力。皇祐二年(1050年),他的父亲到明州(今浙江省宁波市)担任知州,沈括暂时寄居在了苏州的舅舅家中。他的舅舅家中也有很多藏书,沈括从舅舅的著作和藏书之中获得了很多知识,对军事渐渐产生了兴趣。

嘉祐八年（1063年），沈括考中了进士，先后担任过司天监提举、史馆检讨等职务。熙宁八年（1075年）九月，沈括开始担任管理军器监的官员，负责兵器的铸造与储备。在此期间，沈括对弓做了很深的研究，提出"弓有六善"的观点，并建议大批制造"神臂弓"。沈括对军器监的管理也很有自己的独到方法，他使军器监的兵器年产量提高了十几倍。

元丰三年（1080年），沈括到延州担任知州，同时还兼任了鄜延路经略安抚使，驻守边境，抵御西夏。

晚年的时候，沈括移居到了润州（今江苏省镇江市），隐居在梦溪园里开始全身心地投入《梦溪笔谈》的写作之中。绍圣二年（1095年），沈括因病辞世，享年64岁。

沈括在天文学方面的成就主要体现在三个方面：改进仪器、天象观测和改进历法。

天文仪器的改进

在改进天文仪器方面，首先，沈括改进了浑仪这种测量天体方位的仪器。宋朝时期的浑仪，结构变得十分复杂，使用起来很不方便。为此，沈括大胆地去掉了原先浑仪上的月道环，因为这个月道环根本就不能正确地显示出月球运行的轨迹。同时，他又放大了上面窥管的口径，这样一来，观测极星就方便多了。经过沈括的改进，新的浑仪不仅使用方便，观测精度也得到了提高。后来，元代的著名天文学家郭守敬在沈括的基础上进行了更加大胆的创新，改造成为新式的测天仪器——简仪。

其次，沈括还改进了古代的一种测量时间的仪器——漏壶。沈括把漏壶弯曲的铜漏管改成了直颈玉嘴，而且还把它的位置移到了壶体的下部。这个改进使漏壶的水流变得更加顺畅，同时，壶嘴也变得结实耐用了许多。

再次，沈括还制造了新式的圭表，用来测量日光形成的影子。圭表在中国出现的历史很悠久，但是沈括却敏锐地注意到了蒙气差对圭表测量精度的影响，因为太阳光在进入大气层之后会受到大气的影响。于是，沈括主张采用3个候影来观测影差，以消除蒙气差对精度的影响。根据沈括的构想制造出来的新型圭表，大大提高了北宋时期测影技术的水平。

此外，沈括还在《梦溪笔谈》中准确地解释了月亮发光的原理。他说："月本无光，犹银丸，日耀之乃光耳。"意思是说，月亮本来自己是不发光的，就好像一个银制的弹丸，因为太阳照射它，它才反射出光来的。

沈括研究弓

十四 中国科学史中的卓越人物——沈 括

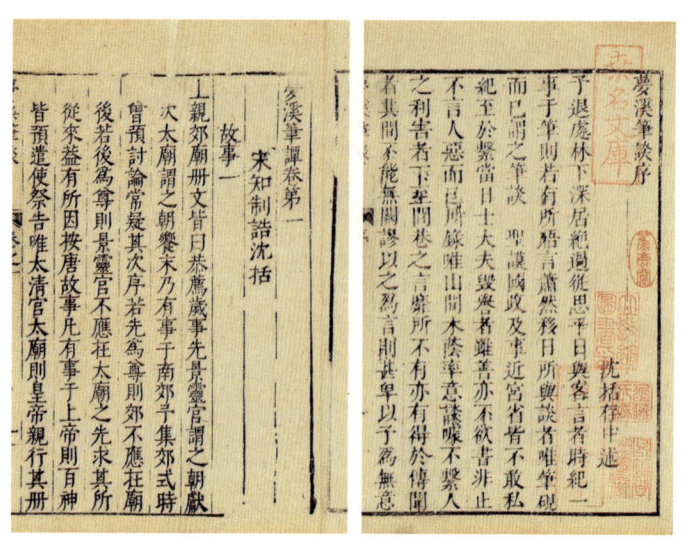

沈括《梦溪笔谈》

北极星位置的确定

天文观测方面,沈括也有了一些新的发现。他非常详细地观察了五星的运行轨迹,记录了陨石坠落时的景象。对于北极星的位置,汉代人认为,北极星位于北天极的位置。南北朝时的祖暅(祖冲之的儿子)测量和确定北极星偏离北天极"一度有余"。沈括为测量北极星与北天极的真实距离设计了专门的窥管。利用窥管,沈括连续观测了3个月的时间,每夜3次,一共绘制了200多张观测图,最终得到了北极星距离北天极"三度有余"的结论。

改进历法

天文历法方面,沈括编撰了《奉元历》。沈括在熙宁五年(1072年)的时候被任命为司天监提举,发现当时施行的《大衍历》已经出现了一定的偏差,于是便破格提拔了一位名叫卫朴的官员,专门负责改革历法的工作。新的历法改动了闰月和朔日的设置,弥补了

之前旧历法出现的偏差。此外，沈括在晚年的时候又对历法进行了一次大胆的革新，提出了新的《十二气历》，用来代替传统的阴阳合历。在这部新的历法之中，沈括不再设置闰月，也不再用月亮的朔望去确定一个月的开始与结束，而是根据节气将一年分为12个月，每年的第一天定为立春。这样的设置，不仅符合天体实际运行的规律，也很方便农业活动的安排。

沈括于梦溪园中创作《梦溪笔谈》

十四 中国科学史中的卓越人物——沈 括

十五 学究天人的大科学家——郭守敬

■ 郭守敬雕塑
邢台郭守敬纪念馆提供。

跟着祖父长大的孩子

郭守敬（字若思，1231—1316年）是元朝著名的天文学家、数学家、水利工程学家。他出生在邢州邢台县（今河北省邢台市信都区）。郭守敬的父母在历史上没有明确的记载，很可能在他比较年轻的时候就已经去世了，郭守敬是由他的祖父郭荣抚养成人的。

郭荣是金、元之际一位颇有名望的学者。郭守敬小的时候，就是跟着自己祖父学习的。他学习了五经及天文、算学等方面的知识，尤其擅长水利技术。小时候的郭守敬勤奋好学，动手能力很强。十五六岁的时候，他就能够根据书上的一幅插图，用竹篾扎制出一架测天用的浑仪，然后用土堆成台阶，把竹制的浑仪放在上面，进行天文观测。

后来，郭荣将郭守敬送到了自己的好友，著名学者刘秉忠那里，让郭守敬跟着这位守孝在家的大学问家学习。刘秉忠精通经学和天文学，郭守敬在他那里学到了很多有用的东西。1251年，刘秉忠离开邢台的时候，将郭守敬推荐给了地方官张文谦。此后，张文谦升官到大名路（今河北省邯郸市大名县一带）等地担任宣抚司的长官，郭守敬也跟随张文谦一同前往，并学习河道水利的调查勘测。

1262年，已经当上左丞相的张文谦向当时的皇帝忽必烈推荐了郭守敬，郭守敬在水利方面的6条建议得到了忽必烈的赞赏，因此被任命为提举诸路河渠，负责各地河渠的整修和管理工作。之后的十多年时间里，郭守敬在水利方面做了很多有价值的事情，取得了很多成就。

至元十三年（1276年），郭守敬所在的都水监并入工部，郭守敬被任命为工部郎中。就在这一年，忽必烈根据刘秉忠生前的建议，下令让张文谦等人主持修订新的历法。为了给历法修改提供翔实的数据，郭守敬与王恂二人被命各率一队人马，分别向南、北两个方向进行相关的实地测量。

少年郭守敬制作竹浑仪

十五 学究天人的大科学家——郭守敬

举世闻名的"四海测验"

至元十六年（1279年），郭守敬被任命为太史院的官员。元代的太史院是掌管天文历法的中央机构。郭守敬在太史院工作的时候，向忽必烈进献了一批新制作的天文仪器，郭守敬负责向忽必烈解释这些仪器的作用和工作原理。他的解释让忽必烈很感兴趣。从白天听到晚上，忽必烈都是兴致勃勃的，丝毫没有疲倦的感觉。就在这一年，郭守敬又领导开展了全国范围内的天文测量工作，这次测量被后世称为"四海测验"。

"四海测验"这项伟大的测量工程与郭守敬有着直接的关系。因为正是郭守敬向忽必烈提出了建议，他说当时国家的疆域比过去历代都要大很多，所以不同地方的日出日落时间、昼夜的长短、相关的时刻等都差别很大，过去的旧历法已经不再适用。但是，要想编制出新的历法，就必须进行全国范围的天文观测。忽必烈接受了郭守敬的建议，派监候官14人分道而出，分别在27个地方进行了天文观测。

郭守敬亲自参加了其中一支队伍的测量任务，他所在的这支队伍从当时的上都（今内蒙古自治区锡林郭勒盟多伦县）出发，经过大都（今北京市），然后

■ 仰 仪
邢台郭守敬纪念馆提供。

■ 浑 仪

从河南一路下去,直到南海,长途跋涉了数千里。在其中的 6 个地点,郭守敬特别测定了夏至日的表影长度和昼、夜的时间长度;测出的北极高度和二十八宿距度与现今数据相比误差很小;测定的黄赤交角新值,与现今数据相比误差仅 1 分多;他还取回归年长度为 365.242 5 日,与现今通行的公历值完全一致。这些观测结果,都为编制全国适用的历法提供了科学的数据。

郭守敬与《授时历》

至元十七年(1280 年),《授时历》终于大功告成,这是中国历史上一部十分精良的历法,在天文学史上具有很高的地位。在制定过程中,郭守敬做出了卓越的贡献。郭守敬在制历之初就提出了"历之本在于测验,而测验之器莫先仪表"。为此,他在 3 年之内,共设计出简仪、高表、星晷定时仪、立运仪、日月食仪以及玲珑仪等十多种新天文仪器,其精巧程度和准确度大大超过前人。

至元十八年(1281 年),王恂去世,郭守敬开始负责太史院的全部工作。至元二十三年(1286 年),郭守敬被正式任命为太史院的最高长官——太史令。

至元二十八年(1291 年),都水监重新设立,忽必烈让郭守敬在担任太史令的同时,兼管都水监。至元三十一年(1294 年),郭守敬被任命为昭文馆大学士,同时兼着太史院的各项事务。

■ 简 仪

■ 位于河南登封的郭守敬观星台

大德七年（1303年），元成宗下诏，凡年满70岁的官员都可以退休，但是只有郭守敬不能退休，因为朝廷还有工作依靠他。从此，太史院的天文官都不退休就成了一个惯例。

延祐三年（1316年），郭守敬去世，享年86岁。

圭表上的创新

圭表是我国古代测量日影长度的仪器。元代以前大都用8尺高表，郭守敬进行了大胆创新，设立了4丈高表和景符测影法。即在高表顶端安装一根直径3寸的铜横梁，景符是安在一个小框架上可转动的薄铜片，中间开一小洞。当太阳过子午线时，把景符放在水平的圭面上南北移动，并转动铜片，让通过表顶的光线穿过小孔，在圭面上形成米粒大小、正中带有铜梁横影的影像。这样，就克服了以往测影时因阳光散射使影子不清的缺陷，提高了测量精度。在光学测量仪器发展史上，这是一个具有重大意义的成就。现在河南登封观象台故址还保存着郭守敬当年所创立的高表的遗址。

郭守敬发明了简仪。他保留了浑仪中最重要的两个圆环系统，分别为赤道环和地平环，又改变了传统的同心装置方法，使它们各自独立。为提高观测精确度，郭守敬在简仪的两端加装了十字装置（即叉丝），这是现代精密望远镜中"十字丝"的鼻祖。他在简仪中使用了滚柱轴承，以使简仪南端的动赤道环可以灵活地在定赤道环之上运转。西方的类似装置是在两百年后才由著名的意大利科学家和画家列奥纳多·达·芬奇发明出来。

郭守敬在简仪上设计的赤道经纬仪是世界上最早的赤道装置，欧洲直到1598年才由丹麦天文学家第谷·布拉赫发明类似的装置。

纵观郭守敬一生制造的天文仪器，大多具有设计科学、结构巧妙、制造精密、使用方便的特点，而且绝大多数都设置了仪器安装的校正装置。他的创造赢得了同时代和后世人的高度赞扬。史书上说，为人高傲的王恂每次见到郭守敬的新创造，皆为之心服。

十五 学究天人的大科学家——郭守敬

大明殿灯漏

郭守敬还研究制作了中国古代最著名的计时仪器之一——大明殿灯漏。这种仪器本质上是一种漏水计时装置，因为造型像宫灯，而且是放在皇宫的大明殿之中，所以被称为大明殿灯漏。灯漏总高度约4.5米，整体框架是用黄金制造的。灯漏的上部是一个弯曲的梁，梁的中间有一颗云珠，云珠的两边各有一个球体，分别象征着太阳和月亮，其中太阳在左边，月亮在右边。云珠的下面，还悬挂着一颗珠子。梁的两端，各有一个龙头，龙的嘴巴能够张开或者闭合，龙的眼珠子也能够转动，它的转动快慢直接反映了灯漏中水流的快慢。

曲梁的下面还有一根中梁。中梁上面一左一右分布着两条戏珠的龙，它们会随着珠子的下降或者上升改变姿势，或者仰视，或者俯视，这种姿势的改变对应了灯漏内部的水位情况。

灯漏的内部一共分成了4层，最上层按圆环状分布着日、月和参、商二宿的图形，每天这些图形会从右向左转动一圈。从上往下的第二层上有龙、虎、鸟、龟四物，象征着4个方位，每到一刻的时候，它们都会做出跳跃的动作，灯漏的内部还会响起击铙声音。再下面一层又是一个圆环，被分成了一百等份，每一个等份就相当于古代的一刻钟。这一层的上部还有12个木人，每个木人手里都拿着一个时辰木牌，当某个时辰来到的时候，它们就会在4个方向的门内将时辰木牌出示出来。同时，门内还另外有木人用手指示对应的刻数。另外，在灯漏下部的4个角位置，还各有一个木人手里拿着钟、鼓、钲、铙等响器，一刻的时候鸣钟，二刻的时候击鼓，三刻的时候击钲，四刻的时候击铙。此外，时初、时正等时刻的时候，这些器具也会发出声音。控制所有器具动作的机关被隐藏在了柜子里面，它们的运行动力来自源源不断的水流。

大明殿灯漏与一般的天文仪器已经有了区分，已经具备了现代钟表的雏形。《元史》中有关于这个仪器的详细记录，后人就是据此进行复制的。

■ 大明殿灯漏模型
邢台郭守敬纪念馆提供。

十六 爱科学不爱王位的天文学家——朱载堉

百科全书式的学者

朱载堉（1536—1611年）出生在河南省怀庆府河内县（今河南省沁阳市），他是明太祖朱元璋的九世孙，明朝藩王郑王的第六代世子。他的父亲郑恭王朱厚烷是一位能书善文、精通音律乐谱的人。在父亲的影响和熏陶下，朱载堉从小就喜欢上了音乐、天文、历法、数学，他聪明过人而且十分好学。

10岁的时候，朱载堉就开始攻读《尚书》等史书典籍。同时，他还在这个时候被封为世子，成为郑王的继承人。后来，他又跟随本地的大儒学家何瑭学习天文、算术等很多知识。

朱载堉15岁那年，他的父亲由于性情刚直得罪

■ 朱载堉琴

了皇帝，蒙冤被囚禁。为了表示对父亲蒙冤获罪的不满，作为世子的朱载堉在王府外面盖了一个土房子，一直到隆庆元年（1567年）他的父亲被赦免无罪，他才搬回王府之中。

万历十九年（1591年），朱载堉的父亲去世，作为世子的他本来是可以继承王位的。但是，他却向皇帝上书，主动放弃王位的继承。前前后后，朱载堉一共上书了7次，经历了15年的时间才最终得到皇帝的同意。

让出王位之后，朱载堉专心于音律学和数学研究，共完成了《律学新说》《律吕精义》《算学新说》《乐学新说》《律历融通》《律吕正论》《嘉量算经》等乐律、数学和礼乐方面的多部著作，取得了辉煌的成就。

作为一位百科全书式的学者，朱载堉是乐律学家、音乐家、乐器制造家、舞学家、数学家、物理学家和天文历法学家，被中外学者认为是"东方文艺复兴式的圣人"。

主动放弃王位的朱载堉

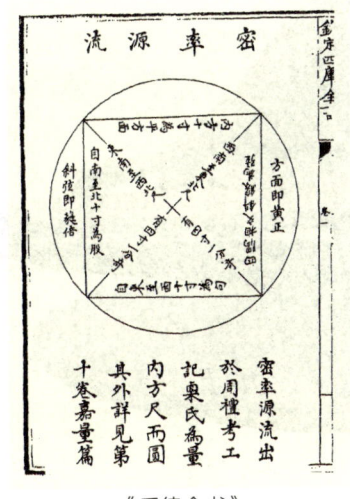

■《乐律全书》

十六 爱科学不爱王位的天文学家——朱载堉

成就卓著的天文研究

朱载堉从小就对数学、音律学产生了很大的兴趣,这些知识为他后来从事天文历法的研究创造了条件,打下了坚实的基础。

朱载堉的历法研究是从学习史书上记载的各家历法入手的,他在博采众长的基础上,提出了自己的看法。

明朝施行的历法叫作《大统历》,它是对外保密的,即便朱载堉身为王世子,也没有资格接触到它,他只能从某些书籍之中了解到一些细枝末节。这足以看出朱载堉从事历法研究工作是何等的艰辛。

通过刻苦的学习、研究,朱载堉以惊人的毅力完成了他的《律学新说》一书,并在1595年进献给了万历皇帝。一同进献的还有《律历融通》(四卷)、《圣寿万年历》(二卷)、《万年历备考》(三卷),以及《进历书奏疏》和《上进表》二文。这些都是朱载堉在天文学研究方面的著作,展示了这位布衣王子在科学研究领域的又一重要成就。

■ 朱载堉雕像

朱载堉一共编纂了两种历法，分别是完成于 1581 年之前的《黄钟历》和完成于 1595 年之前的《圣寿万年历》。这两部历法采用的都是中国古代传统历法的经典形式。《黄钟历》一共有 9 篇，分别解决二十四节气、七十二候的计算，月朔（每月的朔日，也就是农历的初一）和闰月的安排，每天的日影长度，漏刻（古代的计时装置）更点和南中天星象的推求，日、月交食的预报，日月和五星（金、木、水、火、土）运动的计算及其在恒星间所处位置的预报等天文历法问题。《圣寿万年历》与《黄钟历》大同小异，除了部分天文观测数据有变化之外，本质上并没有特别大的差异。

朱载堉对回归年的长度也有深入的研究。地球上四季构成的一年，就是回归年，也就是太阳中心自西向东沿黄道从春分点出发再回到春分点所经历的时间，又称为太阳年。回归年的长度并不是固定不变的，而是会随着时间不断地变化，虽然这个变化量并不会太大。天文学家根据其变化规律编制出历法。从漫长的岁月来看，回归年的长度呈现古大今小的趋势，这个观点首先是由南宋的天文学家杨忠辅提出来的。不仅如此，杨忠辅还在他编制的《统天历》（1199 年）中建立了一个可以推算任意一个回归年长度数值的公式。元代的郭守敬等

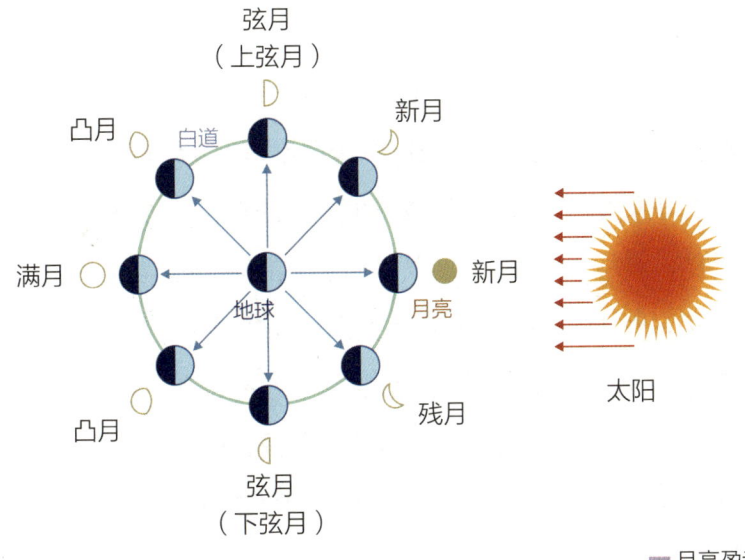

月亮盈亏变化图

十六 爱科学不爱王位的天文学家——朱载堉

人也接受了杨忠辅的观点，同时在他们编制的《授时历》中给出了修正后的公式。朱载堉按照杨忠辅和郭守敬等人的思路，也对回归年的长度和古今变化问题进行了研究和新的探索，并取得了新的成果。朱载堉在《黄钟历》和《圣寿万年历》当中，分别建立了两种回归年长度古今变化的新公式。这两个公式既纠正了郭守敬等先贤的不当之处，又坚持了杨忠辅的正确方向，而且他得出的新数值比郭、杨两位科学家更加合理，在探索回归年长度古今变化规律的道路上迈进了一步。

在编撰《黄钟历》的过程中，朱载堉几乎对古代历法的所有重要问题都进行了关注和评述，因此他专门留下《黄钟历议》一书。全书共有36篇，前面的12篇主要讨论音律和历法之间的关系，后面的24篇则主要论述历法中的各种问题。从《黄钟历议》这本书中可以发现朱载堉在力所能及的范围内，制作了一些简单的天象演示模具，用来形象地演示一些天象，比如月相变化、日食、月食等。此外，这部书中还保存了很多重要的天文学史料，对于了解明代以前的天文学研究很有价值，其中有一段关于地圆说的史料就非常的重要。因为朱载堉完成《黄钟历议》的时间在1581年之前，而1581年西方传教士利玛窦才刚刚到达中国的南大门，所以外来的地圆说肯定还没有传入中国。虽然朱载堉本人并不赞同地圆说，但是他的记载却为后世留下了宝贵的天文学史料，说明我国古代的天文智慧并不落后于西方。

朱载堉在编撰《圣寿万年历》的时候，又进行了许多天文历法的研究，尤其对历代冬至时刻、晷影测量和交食记录做了详细的考证，完成了《万年历备考》一书。冬至时刻和交食的测算，是古人编制历法或者检验历法优劣时非常重要的关注点。冬至时刻的测定，与农业生产关系十分密切。交食是最容易观察到的天象之一，能不能非常准确地预报它的发生时间，是检验历法可靠性的重要指标之一。朱载堉非常敏锐地把握住了这两个最为关键的问题，而且研究得也很深入，形成了3篇专题文章，收录在《万年历备考》之中。这3篇文章分别是《诸历冬至考》《二至晷景考》《古今交食考》。

朱载堉的压力

朱载堉在天文学研究上的成绩虽然不如他在音律学上那么巨大，但是这些成就的取得却并不轻松，可以说他是在十分困难的条件下进行的天文历法研究工作。这些困难，一方面来自当时的大环境，一方面来自当时天文仪器的匮乏。

明朝的开国皇帝朱元璋鄙视科学技术，视其为奇技淫巧。他还针对天文历法研究制定了严酷的法律：民间有敢私自学习和研究历法的，直接抓起来送到边疆去戍边；敢有编制历法的，直接杀掉。而从明朝以前的历朝历代天文学发展情况来看，恰恰是民间的历法研究造就了很多优秀的天文方面的人才，像本书中讲的刘洪、刘焯和李淳风等人就是代表。所以，明朝初年的禁令直接堵死了历法不断更新的源泉。

明朝的这条禁令一直被严格执行了百年之后才稍有缓和。但是，当时的民间已经几乎没有历法方面的人才了。民间如此，官方的情况也好不了多少。**明朝使用的历法叫《大统历》，其实就是元朝使用的《授时历》，只不过改了一个名称而已。**但是，历法是要随着测量精度的提高而不断进行修正的，不然就很容易出现预测和推算结果与实际天象不吻合的情况。但是，即便是在这种情况下，朝廷里的反对势力也坚决反对改革祖宗之法。所以，明朝的官方历法研究始终处于一潭死水的状态，甚至出现了朝中很少有人知道天文历法的可悲局面。所以，朱载堉进行天文历法研究，其实是冒着很大风险的。他本人不仅要勇敢地突破祖制不可变的桎梏，还要面对朝廷里面没有人才通晓天文历法的尴尬局面，因为他所制定的历法最终是要进献给朝廷的。

当时的天文仪器十分缺乏，这大大地限制了朱载堉天文才能的发挥。无奈之下，朱载堉只能在力所能及的情况下，自己动手制作一些小型的天文仪器，同时设计一些新的测量方法，才满足了部分测量的要求。好在朱载堉有良好的数学功底，这确保了他能够很好地对过去的各种历法进行深入的研究和推算。朱载堉在数学上的造诣，是他同时代的那些朝廷历官们无法比拟的。

实际上，朱载堉的天文历法工作绝不仅仅在于编纂历法本身，更在于他吸收了先辈天文历法家许多可贵的思想，并将它们发扬光大。如此，不仅给当时沉寂的天文历法领域注入了生机，更为后世天文历法的发展开拓了道路。

> **小贴士：**
>
> **杨忠辅**，生卒年不详，南宋天文学家。约在1185—1206年任职于太史局，主要成就是编制了《统天历》。宋庆元五年（1199年）五月二十六日，《统天历》正式颁布实行。《统天历》中最杰出的贡献是确定了回归年长度为365.242 5日，这一数值到今天仍然在使用。宋代在三百多年的时间里一共颁布了18种历法，其中杨忠辅的《统天历》是最好的。《统天历》还指出了回归年的长度是在逐渐变化的，它的数值是古大今小。而在杨忠辅以前，人们都认为回归年长度应该是一个亘古不变的恒定值，只要尽量测量准确就可以了。
>
> 《统天历》确定回归年的长度为365.242 5日，是当时世界上最精密的数值。1582年欧洲颁布的《格里历》，也就是现在世界通用的公历，回归年的长度就是365.242 5日，但是，它比《统天历》晚了383年。

明朝天文人才凋敝

十六 爱科学不爱王位的天文学家——朱载堉

十七 中西文化交流的先驱之一——徐光启

徐光启画像

徐光启（字子先，号玄扈，1562—1633年）是明末科学家、农学家和思想家，也是中西科学文化交流的先驱之一。

赶考之路

徐光启出生在当时的南直隶松江府上海县法华汇（为了纪念徐光启，此地现在已经改名为徐家汇，在上海市），父亲是一个小商人。

青少年时期的徐光启，聪敏好学，活泼矫健。明万历九年（1581年），19岁的徐光启考中秀才。他开始在家乡和广东、广西等地教书，白天给学生上课，晚上则广泛阅读古代的农书，钻研农业生产技术。徐光启之所以会对农业生产感兴趣，主要是因为当时的法华汇就地处农村，到处都是庄稼地，他上学的时候每天都能够看到农民在地里干活的景象，不知不觉中，就对农事产生了兴趣。

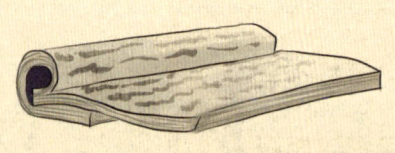

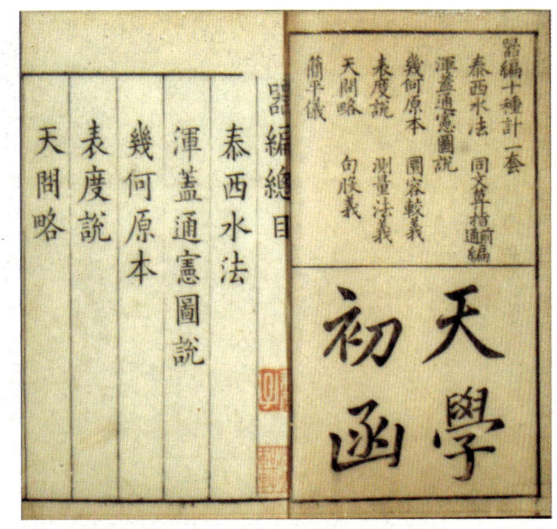

《天学初函》
该丛书由李之藻辑，于崇祯元年（1628年）刊行，其中收录大量徐光启译著。

因为农业生产与天文历法、水利工程之间有着非常密切的关系，而天文历法、水利工程又离不开数学，所以徐光启就顺理成章地研究起古代的天文历法、水利和数学等方面的著作。

考中秀才之后，徐光启很长一段时间内都没有能够在科举这条路上有所成就，考取举人屡次不中。大约在万历二十一年（1593年）的时候，他受聘到韶州这个地方任教。在这里，徐光启第一次见到了传教士，当时徐光启所见到的传教士叫郭居静（L. Cattaneo）。在两人的交谈中，徐光启知道了另一位传教士利玛窦，并且知道利玛窦非常精通西方的自然科学，这让他大感兴趣。

万历二十五年（1597年），徐光启终于考中了举人。但是，第二年参加进士考试的时候，他再次落榜。无奈之下，徐光启再次回到家乡从事教书的工作。

万历二十八年（1600年），徐光启获悉利玛窦正在南京传教，于是专程前往南京拜访。徐光启见到利玛窦后，首先表达了自己对利玛窦的仰慕之情，同时表达了希望向他学习西方自然科学的意愿，但是，当时利玛窦并没有马上答应这件事情。1603年，经过3年的考虑之后，徐光启率领全家加入了天主教。

十七 中西文化交流的先驱之一——徐光启 119

万历三十二年（1604年），徐光启终于考中了进士，真正开始步入仕途。徐光启担任的职务是翰林院庶吉士，大小算是一个京官，能够住在北京。至于利玛窦，则在和徐光启见面的第二年就来到了北京，并且在今天北京宣武门附近建造了北京的第一座天主教教堂。

翻译《几何原本》

万历三十四年（1606年），徐光启再次向利玛窦提出了学习西方科学知识的请求，这一次利玛窦爽快地答应了。随后，利玛窦就开始给徐光启讲授西方的数学知识，用的教材是古希腊数学家欧几里得的著作《几何原本》。经过一段时间的学习，徐光启完全弄懂了这部著作的内容，深深

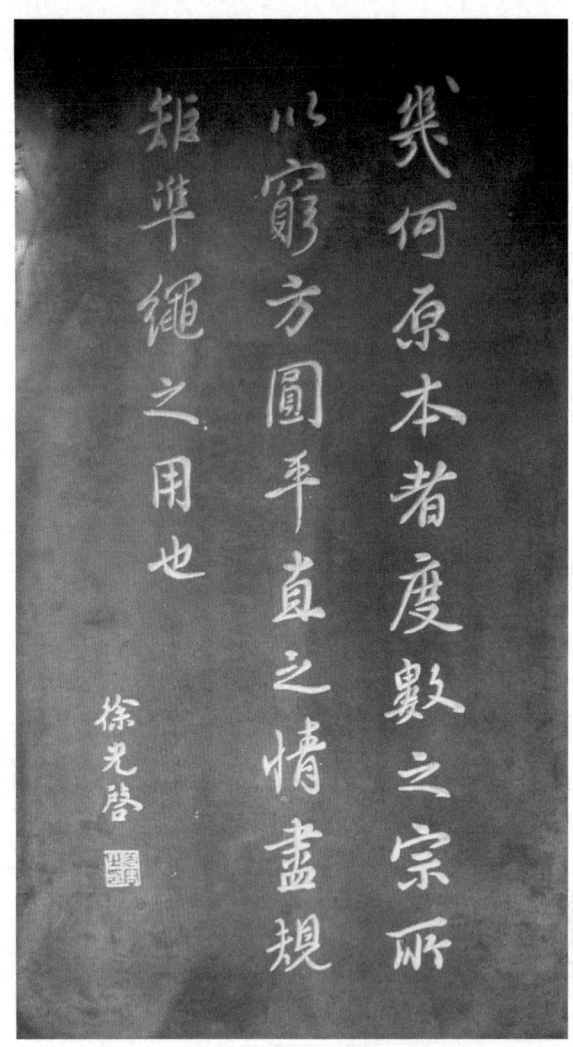

■ 上海徐光启纪念馆内徐光启手迹集字碑文《刻〈几何原本〉序》

地为它的基本概念和逻辑推理所折服。于是，徐光启建议利玛窦和他合作，一起把它翻译成中文。在徐光启的一再劝说下，利玛窦终于同意了。

从1606年的冬天起，紧张的翻译工作开始了。徐光启对翻译非常认真，常常是到了深夜，利玛窦休息了，他还独自坐在灯下加工、修改译稿。有时为了确定一个译名，他不断地琢磨、推敲，不知不觉地就忙到了天亮。译文里的"平行线""三角形""对角""直角""锐角""钝角""相似"等中文的名词术语，

徐光启翻译《几何原本》

十七 中西文化交流的先驱之一——徐光启

都是经过徐光启呕心沥血的反复推敲而确定下来的。

万历三十五年（1607年）的春天，徐光启和利玛窦完成了这部著作的前六卷的翻译工作，并把翻译后的书名定为《几何原本》。同年，《几何原本》前六卷正式出版，立刻引起不错的反响，此书对我国近代数学的发展起了很大的作用。

还是在这一年，徐光启的父亲去世了，按照当时的规矩，他辞去官职回到老家为父亲守孝3年。万历三十八年（1610年），3年期满之后，徐光启回京复职，但是在接下来的很长一段时间里，他的工作都很清闲。利用这段清闲的时间，徐光启全身心地投入天文、算法、农学、水利等科学技术的研究之中，同时还从事了不少这方面的翻译和写作工作。

万历四十六年（1618年），后金（清朝的前身）在北方发动军事进攻，袭击了明朝的北部边关。经人推荐，当时的朝廷征召了徐光启，而此时的徐光启正在生病。从万历四十六年到天启三年（1623年）的5年多时间里，徐光启主要的工作就是选兵、练兵。这个时候，他虽然已经60岁左右，但是保国守土的爱国忠心昭昭可鉴，不让壮年。

由于财政拮据、议臣掣肘等原因，练兵计划并不顺利，徐光启也因操劳过度，在天启三年（1623年）三月的时候向朝廷请了病假。六月，辽东兵败，他又被召回了京城。但是，终因制造兵器和练兵计划不能如愿，十二月再次辞职回到了天津。

编制《崇祯历书》

崇祯元年（1628年），徐光启官复原职。崇祯二年（1629年），他升为礼部左侍郎，一年后又升任礼部尚书。崇祯二年（1629年），朝廷决心修订旧的历法（关于明朝历法的问题，在朱载堉一章中有详细的介绍），并下令由徐光启主持。徐光启从编译西方天文历法书籍入手，同时制造仪器，精心观测，从崇祯四年（1631年）起，分5次进呈所编译的图书著作，这就是著名的《崇祯历书》。

这时，徐光启已经 70 岁了，但他的研究热情丝毫不减，重要的事情都要亲自参与实践，包括对天文现象的观测和观测数据的记录，以及大量西方天文学著作的翻译和传播。徐光启在编撰《崇祯历书》的过程中，用实际行动践行了他融汇中西的严谨治学态度，充分展现了一代科学家的风范。

崇祯六年（1633 年）十一月七日，徐光启逝世，终年 71 岁。徐光启的谥号是文定，墓地位于上海的徐家汇光启公园之中。

小贴士：

邢云路，生卒年不详，字士登，安肃（今河北省保定市徐水区）人，明代天文学家，是明末复兴天文学的重要人物。1595 年，他担任河南佥（qiān）事的时候，发现当时使用的《大统历》与天象实测并不符合，就向朝廷奏请修改历法。但是，他的奏疏受到了钦天监官员的攻击，改历的事情只能无果而终。后来，礼部侍郎范谦推举邢云路主持改历，但也没有成功。1608 年，邢云路在兰州建了一个高度达到 6 丈的巨型圭表，用来测量日影，通过测量，他发现由此推算到的这一年立春的时刻与钦天监推算出来的结果是不一样的。经过反复考证之后，他写了《戊申立春考证》一书。1610 年，他被征召入京，参加改历的工作。1616 年，他向朝廷进献了《七政真数》一书，介绍了推算历法的方法。1621 年，他指出了《授时历》的不足。后来，邢云路又专门写了《古今律历考》(72 卷)，对历代历法的得失都进行了分析总结。

十八 中西融合的睿智者——王锡阐

王锡阐其人

王锡阐（字寅旭，又字昭冥，号晓庵，又号余不、天同一生，1628—1682年）是天文学家。他出生在江苏省吴江震泽（一个靠近太湖的小镇），家庭条件并不是很好，从小跟着叔父一起生活。王锡阐从小就特别喜欢读书学习，从11岁开始，更是进入了一种极为专注的学习状态，"闭户绝人事"，心无旁骛的学习习惯为他打下了坚实的文化基础。本来，王锡阐是准备走一条和其他读书人一样的道路的，那就是考取功名，但是，这条路在他16岁的时候却因为清兵入关而断绝了。王锡阐很小就形成了忠于明王朝的思想，所以清朝政府建立之后，他就完全放弃了科举之路，拒绝当清朝的官。

放弃科举，使王锡阐有了足够的时间和精力投入他最喜欢的事情之中，而他最喜欢的就是天文学。他长年累月地夜观天象，乐此不疲，即便在去世的前一年，已经疾病缠身的情况下，仍然没有放弃天文观测。每一次遇到日食或者月食，王锡阐都会认真观测，并且将观测的结果与自己事先的推算进行验证，进而反思自己的推算。正是因为如此，王锡阐在天文历算领域的研究非常深入，也颇有建树。

■ 王锡阐像

　　王锡阐生活的时代，正好是国外的传教士进入中国，将当时西方的天文学和数学知识介绍到中国的时期。当时，对于这些外来的天文学知识，中国的学者大体上表现出了三种不同的态度：一种是顽固拒绝；一种是盲目吸收；一种是批判地吸收融合。

　　在天文学研究方面，王锡阐与徐光启的观点基本是一致的。徐光启在翻译西方书籍的时候，坚持的原则就是"熔彼方之材质，入大统之型模"，通俗地说就是取其所长，中外融合。王锡阐在天文学上的研究态度，基本上也是如此的，正属于上述的第三种态度，他的这种态度在当时还是很具有先进性的。王锡阐从当时集欧洲天文学大成的《崇祯历书》入手，对里面那些前后矛盾、互相抵触的地方进行了揭示，在指出不足的同时还给出了自己的意见。王锡阐的看法，无疑是在吸收欧洲天文学优点的基础上，很好地促进了中国天文学的发展。王锡阐的天文学成就主要集中在《晓庵新法》（1663年）和《五星行度解》（1673年）这两本书之中。

《晓庵新法》

《晓庵新法》的第一卷和第二卷介绍的是作为天文计算基础的三角函数知识和基本的天文数据；第三卷介绍了朔、望、节气时刻，以及日、月、五星位置的计算等问题；第四卷讨论了昼夜长短、晨昏蒙影、月亮和内行星的盈亏等现象，以及日、月、五大行星的视直径等问题；第五卷求出了日食计算所需之视差和日心、月心连线的方向（后者称为"月体光魄定向"，用于日食、月食方位的计算）；第六卷介绍了日食、月食预测及金星凌日、五星凌犯的推算等内容。

《晓庵新法》这本书有两个鲜明的特点：一是书中的计算依据的是西方的三角几何知识和小轮体系，但涉及的度数划分则采用中国古代的历法体系和王锡阐自己创造的体系，很多天文学名词也是来自中国传统历法，即以传统的方式表述西方历法的计算。二是有一些重要创新，像其中的"月体光魄定向"、金星凌日及五星凌犯的计算等都是王锡阐的首创或首次引入。

王锡阐在天文学上有着极高的天赋。在当时，无论是中国的传统历法知识，还是西方的历法知识，涉及的原理都十分深奥，一般人即便是接触到了也基本无法理解。但是，王锡阐居然自学就能够弄明白其中的道理，"无师授自通大意"。那些天文、算学方面的内容，别人看起来像看天书一样，王锡阐一谈到这样的话题却能够如数家珍，就好像有一个浑天仪在他的面前一样，他能够非常清晰地将日、月、五星的位置和运行规律勾画出来，非常专业准确。但是，也正因为他如此地专注于天文学和算学的研究，他的生活并不富裕，甚至说是非常的贫困，当有朋友来的时候，连最差的粗粮都拿不出来招待。

贫困的生活，没有摧毁王锡阐的意志力，但是却损害了他的身体，55岁的时候，他就离开了这个世界。由于王锡阐既没有孩子，也没有传人，再加上他的著作都是用篆书书写的，很多字大家都不认识，直接导致他遗留下的文稿散失了很多。

王锡阐的天文学成就在他的那个时代很有影响力，同时代的人给予他很高的评价。当时，他与北方的历算名家薛凤祚并称为"南王北薛"。大思想家顾炎武十分推崇王锡阐的天文学造诣，称他"学究天人"。明末清初的天文数学大家梅文鼎也曾经高度评价王锡阐，他说当时能够熟悉西方历法然后自成一家的只有两个人，其中一位就是王锡阐，而且对于自己没有能够早些认识此人而深感遗憾。

小贴士：

薛凤祚（字仪甫，号寄斋，1599—1680年）是山东益都（今山东省淄博市）人，明末清初著名的数学家和天文学家。薛凤祚出身于书香门第，从小就接受良好的教育，后来又学习了中国传统的天文历算。1652—1653年，他有机会来到了南京，跟波兰传教士穆尼阁学习西方新的历法，知道了哥白尼的日心说，同时协助穆尼阁翻译了很多西方天文历算等方面的著作，是第一个在中国传播哥白尼日心说的人。薛凤祚曾经担任过清朝的钦天监监正，但是很快他就选择了辞职归隐。

薛凤祚将自己一生天文学方面的研究成果汇集成了《天学会通》一书，一共80卷。他主张学以致用，集众师之长，学贯中西，著述浩繁，是中国历史上向西方学习的先驱者之一，受到当时学者的高度评价，与天文历算学大师王锡阐并称为"南王北薛"。

十九 足行万里书万卷，尝拟雄心胜丈夫

——王贞仪

王贞仪（字德卿，1768—1797 年）几乎是我国古代科技史上唯一的女科学家，她出生在上元县（在今南京市），祖籍安徽天长。

王贞仪出生时正值"康乾盛世"。她生于书香世家，长辈们都十分开明。她的祖父是宣化太守王者辅，精通历算，藏书极为丰富。王贞仪小的时候就喜欢缠着祖父问各种问题，非常好学。王贞仪的父亲精通医术，思想非常开明。开明的环境里，王贞仪并没有被要求去学习刺绣、纺织等女红，也没有被要求去读《女戒》《女训》。少年时的王贞仪已经开始"读万卷书，行万里路"的生活。

祖父多达 75 柜的藏书，让王贞仪有了在书海尽情遨游的机会，幼时的她几乎手不释卷。稍微长大后，恰逢祖父前往吉林任职，王贞仪有幸随行，从而有机会跟蒙古人学习马术骑射，练就一身"发必中的，骑射如飞"的好本事。十几岁的时候，王贞仪又跟随父亲四处行医游历，不仅领略了祖国的大好河山，也见识到了人间疾苦，大大地拓展了她看世界的眼光。

十九 足行万里书万卷，尝拟雄心胜丈夫——王贞仪

18岁的时候,王贞仪定居南京。那个时代,18岁的女子绝大多数已经为人母,过上了相夫教子的生活。但是,此时的王贞仪又对科学产生了浓厚的兴趣,从文科转向了理科,从一位英姿飒爽的女诗人变成了一位女科学家。虽然没有老师的指导,王贞仪自己反复研读祖父书柜中张衡、祖冲之、梅文鼎等人的著作,独自钻研,展现出了惊人的数学天赋。她简化了梅文鼎的《筹算》,编写了那个时代的"数学科普读物"——《筹算易知》。

王贞仪所在的时代,西方的数学已经传入中国。有机会接触到西方的数学之后,王贞仪大胆地将中西方的数学知识结合到一起,写出了《勾股三角解》一文,提出了知识没有中西的高低贵贱之分,正确的做法应该是博采众长、融会贯通。王贞仪在数学上的成就不止于此,她还完成了《西洋筹算增删》《象数窥余》《重订策算证伪》《术算简存》等一系列著作。就这样,年轻的王贞仪自学成才,成了当时的一名"非主流"数学家!

除了数学,王贞仪最喜欢的就是天文学。小时候,她跟随祖父和父亲四处游历的时候,最喜欢做的事情之一就是在晴朗的夜晚仰望星空,观察诸天星象。王贞仪首先接触的是中国古代传统的天文学知识,对中国古代传承了千年的很多天文学知识都有了解。后来,她又有机会接触到西方传教士引进中国的西方天文学著作,知道了哥白尼的日心说和第谷的宇宙结构体系,并对此进行了深入的思考和研究。对比了中西方的相关学说之后,王贞仪逐渐形成了自己的思考和观念。她以哥白尼和第谷的理论为基础,写了一篇文章《地圆论》,文中直接反驳了在中国已经传承了千年的"天圆地方"的宇宙观。王贞仪认为古人之所以形成"天圆地方"的认知,主要是因为人所在的地面十分广阔,而人的双眼能够看到的范围十分有限,所以就形成了"天圆地方"的错觉。

除此之外,王贞仪还对月食现象做了非常科学的研究和解释。在中国古代的传说中,月食是有一只可怕的天狗把月亮吃掉或者咬去一口后形成的结果。对于有了一定科学素养的王贞仪来说,这样的说法简直就是荒谬,她决定把这个问题搞清楚,弄明白其中的奥秘。

其实，早在汉朝的时候，著名科学家张衡就曾经提出了一些对月食现象的解释，尝试着从科学的角度进行相关的解释。张衡的相关见解都记录在他的天文学著作《灵宪》之中，这部书的文字十分晦涩，普通人很难看得懂。但是，王贞仪硬着头皮，反复研读这部晦涩难懂的古书，从中获得了感悟和启发，逐渐形成了自己的想法。

为了验证自己的想法，王贞仪还利用房间里的物品进行日食、月食实验模拟。她把一盏灯悬挂在屋顶充当太阳，用圆镜当月亮，把圆桌当地球。她一会儿拉拉桌子，一会儿拿着镜子慢慢踱步，通过不断改变这三个物体的位置，来观察"月相"的变化。就是利用这些闺房中的简单物品，王贞仪琢磨出了日食、月食的成因："新月之时，月在日、地之间，月影蔽日，则是日食，故日食在朔；如果地在日、月之间，地影蔽月，则生月食，故月食常在望。"虽然每个月一定都有望日，但不一定都能够见到月食，只有在黄道与白道交点附近，才有月食现象发生。为此，她还专门写了一本《月食解》，用直白的语言加上丰富的配图，简单直观地解释了月食的成因。此时的王贞仪不过20岁而已！

除此之外，王贞仪还研究过岁差现象，写出了《岁差日至辨疑》一文；观察记录了金星、木星、水星、火星、土星的运行情况，写出了《经星辨》。王贞仪天文学方面的著作还有《盈缩高卑辨》《黄赤二道解》《地球比九重天论》等。

热爱观测的王贞仪还很了解气象学。传说她的邻居们在出门前都会向她打听天气情况。有一次，她看到蚂蚁纷纷"搬家"到高处，就去提醒农民们种植高秆作物，防止洪涝灾害，果不其然，没过多久，真的出现了持续性降雨。

出嫁之后的王贞仪也没有放弃自己的研究，而且她还不顾世俗的偏见，开起了私塾，亲自当上了教书先生。但是，十分不幸的是，这位不畏世俗眼光、为科学特立独行的女科学家在29岁那年，就因病离开了人世，成为中国古代科技史上的一大憾事！

王贞仪作为女科学家被国外媒体广泛报道，她的形象被印在了外国的明信片上。国际天文学联合会以她的名字命名了一颗小行星，《自然》杂志将她选入"为科学发展奠定基础的女性科学家"名录之中。

> **小贴士：**
>
> **梅文鼎**（字定九，号勿庵，1633—1721年）是安徽宣城人，清初天文学家、数学家。梅文鼎从小就很聪明，小时候跟着父亲和老师罗王宾一起夜观天象的时候，就能够明白天象旋转运动的大概意思。9岁的时候，他就能够熟读五经，精通历史知识，赢得了"神童"的美誉。15岁的时候，他就考中了秀才。但是，考举人多次都没有能够考中。27岁那一年，梅文鼎跟倪观湖学习历法，居然发现了书中的一些错误，同时还提出了自己的修改意见。梅文鼎的表现让倪观湖十分震撼，从此，梅文鼎也坚定了研究历算之学的志向。
>
> 梅文鼎的天文学研究是从《大统历》《授时历》开始的，他一直向上追溯了历代的70多家历法，每一种都认真研究了它的产生根源和发展脉络；同时，他又认真参考阅读了西方的各种历法，并且将中西的历法进行了对比，希望达到中西历法能够有效融合的目的。
>
> 梅文鼎一生把读书、著书当作事业，把教书当作职业，把学习研究和传道授业结合在了一起。1679年，梅文鼎曾在臬台金长真的幕下当教席。1689年，他又到北京教书，5年后回家继续研究天文、数学，一直到去世。梅文鼎的天文著作有50余种，数学著作有20余种。
>
> 康熙皇帝曾三次召见梅文鼎，向他请教天文、数学的知识。清代著名学者钱大昕曾称赞梅文鼎是"国朝算学第一"。

二十 荟萃中西之说，贯通古今科技——邹伯奇

邹伯奇（字一鹗，又字特夫，1819—1869年）是清代科学家。1819年，他出生在广东南海泌冲。邹伯奇的父亲在本乡教书，与当地的很多文化人有接触，小时候的邹伯奇因此有机会得到这些人的指导，对算术产生了浓厚的兴趣。

17岁的时候，邹伯奇开始研究光学。他认真研究了先秦典籍《墨经》和沈括《梦溪笔谈》中的光学内容，利用几何光学的方法，透彻地分析了许多光学原理、光学仪器的结构和光学现象，撰写了《格术补》一书，这是近代中国人编著的比较早、比较完整的一部几何光学著作。

邹伯奇独立制造出了中国的第一台照相机，而最关键的是，他本人之前并没有见过照相机这种东西，仅仅是根据有限的文字资料就独立完成了研制工作，所以这都要归功于他的光学知识。邹伯奇制造出照相

机的时间只比西方晚了4年。邹伯奇专门写了一本书——《摄影之器记》，详细介绍了照相机的结构、制作和原理。

咸丰三年（1853年），邹伯奇设计制造了"对数尺"，这种尺子具有多种功能，除了能够进行一般的计算之外，还可以进行节气、天文、体积等的计算。咸丰四年（1854年）前后，他又设计制造了一批日晷（计时器），有"坚晷""地平式日晷""日夜晷"等。在这之前，不管是中国自己制造的日晷，还是外国传

二十 荟萃中西之说，贯通古今科技——邹伯奇

教士带来的日晷,都没有考虑到日晷使用地点的磁偏角问题。邹伯奇设计的日晷充分考虑到了这个问题,将使用地点的磁偏角在日晷中进行了纠正,使得晷针达到了真正直指北极的地步。如此精确的日晷,已达到了当时最先进的水平。

在邹伯奇之前,中国绘制地图的时候,采用的是方格地图绘制法,无论是经线还是纬线都是直线。这种方法画出来的地图,与实际情况有很大的差距。邹伯奇在接触到西方的天文学说之后,接受了地球是圆形的观点,进而提出了用曲线描述经纬线的地图画法。于是,他用这种方法重新绘制了当时最具权威的地图——《皇舆全图》,这幅新地图的完成使得当时中国落后的地图绘制技术有了很大的进步。

在天文学方面,邹伯奇绘制过《赤道南恒星图》《赤道北恒星图》,制作过"天球仪""太阳系表演仪"。那个时代,中国学术界并没有完全接受哥白尼的日心说,但是,邹伯奇制作的仪器,都是以太阳为中心的,这充分显示出他的天文学思想在当时是非常进步的。此外,邹伯奇还用新的天文学理论,对中国古籍中关于天文现象的论述进行了认真的考证,写出了《夏少正南门星考》等十几篇论文,学术价值都很高。在仪器制作方面,他研制了"浑圆水准仪""水银溢流式水准器""风雨针"(气压计兼测高仪)等。

咸丰七年(1857年),邹伯奇被聘为广东学海堂学长,与著名经学大师陈澧交往十分频繁,陈澧经常向邹伯奇请教学术难题。

同治四年（1865年），广东巡抚郭嵩焘聘请邹伯奇主持测绘《广东沿海地图》。他把自己创立的"以圆绘圆"绘制法改进成了椭圆绘制法，使地图绘制方法变得更加准确。

同治八年（1869年）五月，邹伯奇突发急病去世，终年51岁，后葬于故乡南海县泌冲。

附录一 钦天监正，通玄教师——汤若望

来华前的汤若望

汤若望（Johann Adam Schall von Bell，字道未，1592—1666年）是德国科隆人。他出生在一个宗教气氛浓厚的贵族家庭之中。小的时候，汤若望被家人送到了当地耶稣会开办的学校学习。19岁时，汤若望就加入了耶稣会。随后，他到了罗马，在这里，他系统地学习了4年的神学，同时还系统地学习哲学、语言学、数学、天文学等知识。1617年，汤若望正式成为一名神父，拥有了传教的资格。这种情况下，汤若望向教会提出了一份申请——到遥远的东方去传教。第二年，在得到了教会的正式授权之后，汤若望随同其他21名传教士离开了欧洲，乘船前往遥远的东方。这一路上并不太平，肆虐的瘟疫夺走了不少同行水手和传教士的生命，但却没有吓退汤若望到东方传教的雄心壮志，他坚持东行。

1620年，经过一路周折之后的汤若望，终于在他28岁的时候，和金尼阁等传教士一起成功到达了澳门。他在澳门停留了两年的时间，于1622年正式进入广东，并于次年到了北京专门学习中文。掌握了基本的中文之后，汤若望首先被派到了西安进行传教活动。

对中国天文学的贡献

1630年年底,已经38岁的汤若望来到了当时的都城北京,从此之后,他就生活和工作在了这个地方,一直到去世。这一次,他是被当时的明朝礼部尚书推荐过来的,主要任务是参与修订历法。和汤若望一起参与这项工作的,还有同为传教士的龙华民和罗雅谷等人。第二年,汤若望正式到了历局,主要从事翻译工作,将当时很多西方自然科学书籍翻译成中文。1634年12月,汤若望等人一起制造了象限悬仪、平面悬仪、象限立运仪、象限座正仪、象限大仪和三直游仪六种天文观测仪。1635年到1637年,汤若望在李经天带领下建造了黄赤经纬全仪、日晷、星晷、望远镜等一批天文观测仪器。

与此同时,汤若望等人协助徐光启顺利完成了新修订的《崇祯历书》的编纂工作。《崇祯历书》是中国历法与世界历法开始走向一致的开始。

《崇祯历书》的内容非常丰富,主要涉及天文历算方面,多达137卷,是汤若望在天文学上最主要的贡献,这部书也被人半开玩笑地称为"汤若望百科全书"。它从多方面引进了欧洲古典天算知识,对于丰富中国古代天文学知识起到了积极的作用。这部历书虽然以明朝的最后一位皇帝——崇祯皇帝的年号命名,但遗憾的是崇祯皇帝并没有机会颁布实施,因为人们还没来得及将其用于编制新的历法,李自成就打进了北京城,崇祯皇帝的时代就此终结。

战乱之中,汤若望想方设法保全了这部历书的刻版。1644年,多尔衮率军攻占了北京城。不久,多尔衮召见了汤若望,要求他修正历法。于是,汤若望就把原先的《崇祯历书》进行了修订整理,改成了新的《时宪历》进献了上去。顺治二年(1645年),汤若望成为清王朝皇家天文台的第一任台长——钦天监监正,不仅如此,他还是第一个担任此项职务的外国人。

顺治皇帝对汤若望这个外国人十分器重,这是新的历法能够快速在全国颁行的重要保障。同时,因为皇帝的照顾,汤若望的传教也进展得十分顺利。汤若望是一个很热心于向中国传播西方新科学成果的人。他曾经设计了一个大型的起重机，解决了建筑工程中起吊重物的难题。他制造的黄道经纬仪、地平经纬仪和天体仪等天文观测仪器，更是极大丰富了当时观象台的天文设施。与此同时，汤若望还和一些中国人合作翻译了不少西方科技著作，其中很多内容都填补了中国相关科技发展的空白，打开了中国人了解西方科技发展的大门，将中国的科技发展与世界的科技发展很好地联系在了一起。

祸福相依

皇帝的认可，使汤若望的官位上升很快，最终达到了正一品的高度。顺治十年（1653年），顺治皇帝加封他为"通玄教师"，复加通政使衔进秩正一品。到了康熙元年（1662年），又受封正一品光禄大夫。但是，对于汤若望来说，这样的恩宠背后也埋下了不小的隐患。因为他所进献并在全国颁行的《时宪历》并不是所有人都能够接受的，尤其是当时的守旧派，内心非常抵触。其中的代表人物杨光先甚至叫嚣，宁可我们国家没有好的历法，也不能用西洋人编制的历法。终于，在顺治皇帝去世3年之后（1664年），72岁的汤若望被陷害入狱，并且以莫须有的罪名被判处凌迟处死。不过，后来在当时的太皇太后博尔济吉特氏的干涉下，又恰逢京城连

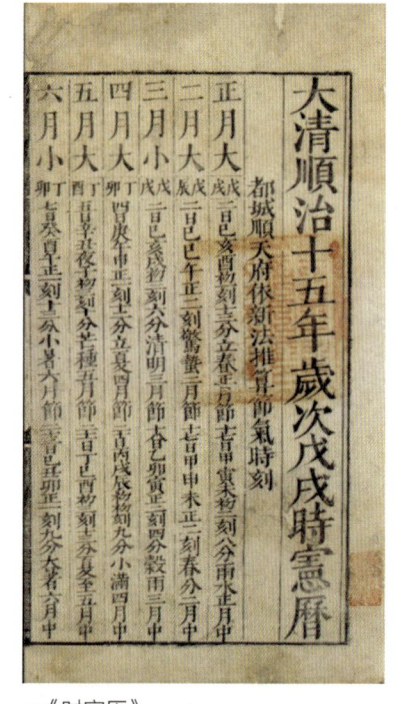

■《时宪历》

续地震多日，朝廷下令大赦天下，汤若望这才幸免一死，从监狱之中被释放了出来。此时的汤若望已经重病瘫痪，口不能言。1666年，74岁的汤若望病逝于北京，结束了他长达40多年在中国传教、做官的生涯。

两年之后，比利时的传教士南怀仁站出来指出了杨光先所推行的历法中与天象事实不吻合的地方，得到了核实之后，杨光先被革职。南怀仁又再次指控杨光先，说他曾经捏造事实诬陷汤若望，借此为汤若望翻案。成功翻案之后，朝廷厚葬了汤若望，并将他的墓放在了利玛窦墓的旁边。

回顾历史，汤若望在中西文化和科学，尤其是天文学的交流上，发挥了重要的作用。虽然他的身份是一名传教士，但是他在中国所做的工作更多的是关于天文学的，包括天文学著作的翻译、天文仪器的制造、历法的研究等。汤若望为中国社会的发展，特别是中国天文学的发展作出了贡献。

附录二 唯一去世后享有谥号的传教士——南怀仁

一心想传教的南怀仁

南怀仁（字敦伯，一字勋卿，1623—1688年）是比利时人，耶稣会传教士。他出生在比利时布鲁塞尔附近的一个小镇子里，12岁时进入耶稣会主办的学校读书。17岁那年，他又进入了当时世界上最古老的天主教教会大学之一——鲁汶大学的艺术学院学习。在这里，南怀仁系统地学习了包括天文学、数学、历法、地理学等在内的诸多新知识。

1645年，南怀仁被派往一个耶稣会学院教授拉丁文。不久，南怀仁萌发了去南美洲传教的念头，为此，他先后两次提出申请，但都被拒绝。1647年，南怀仁先来到布鲁塞尔的耶稣会学院教授拉丁文和修辞学，后又到耶稣会罗马学院和西班牙塞维利亚的耶稣会学院学习神学。两年后，南怀仁终于获得了神学博士学位。

在此期间，南怀仁再次提出前往美洲传教的申请并再次被拒绝后，他提出到中国传教的申请，终于被批准。因为这时南怀仁受到了1654年从中国返欧的传教士卫匡国的影响，产生了到中国传教的想法，并最终踏上赴中国的航程。

【立冬】
11月7—8日

勘下梨花一堆雪，明年谁此凭阑干？
　　　　　　——唐·杜牧《初冬夜饮》
立冬表示自此进入冬季，万物进入休养、收藏状态。

【小雪】
11月22—23日

花雪随风不厌看，更多还肯失林峦。
　　　　　　——唐·戴叔伦《小雪》
小雪节气意味着天气会越来越冷、降水量渐增。

【大雪】
12月6—8日

燕山雪花大如席，片片吹落轩辕台。
　　　　　　——唐·李白《北风行》
大雪节气的特点是气温显著下降、降水量增多。

【冬至】
12月21—23日

邯郸驿里逢冬至，抱膝灯前影伴身。
　　　　　　——唐·白居易《邯郸冬至夜思家》
冬至这天太阳光直射南回归线，是北半球各地白昼最短、黑夜最长的一天。

【小寒】
1月5—7日

苦思搜诗灯下吟，不眠长夜怕寒衾。
　　　　　　——唐·鱼玄机《冬夜寄温飞卿》
冷气积久而寒，小寒指天气寒冷但还没有到极点。

【大寒】
1月20—21日

寒夜客来茶当酒，竹炉汤沸火初红。
　　　　　　——宋·杜耒《寒夜》
大寒指天气寒冷到极致。

冬

春雨惊春清谷天，夏满芒夏两暑连。
秋处露秋寒霜降，冬雪雪冬小大寒。
上半年是六廿一，下半年来八廿三。
每月两节日期定，最多不差一二天。

其中，第三句的意思是，上半年的节气在每月的6日、21日前后，下半年在8日、23日前后。

二十四节气不仅是一种时间体系，更是一套具有丰富内涵的生活与民俗系统，鲜明地体现了中国人尊重自然、顺应自然规律和可持续发展的智慧，彰显出中国人对宇宙和自然界认知的独特性以及实践活动的丰富性，是人类文化多样性的生动见证。

文案：徐家春　赵蔚然　　插图：宁晓宏
题字：高淮生　　　　　　设计：索晓青

【立秋】
8月7—9日

银烛秋光冷画屏，轻罗小扇扑流萤。
——唐·杜牧《秋夕》
立秋是阳气渐收、阴气渐长，由阳盛逐渐转变为阴盛的节点。

【处暑】
8月22—24日

春种一粒粟，秋收万颗子。
——唐·李绅《悯农》
处暑，即为"出暑"，指炎热离开。

【白露】
9月7—9日

露从今夜白，月是故乡明。
——唐·杜甫《月夜忆舍弟》
古人以四时配五行，秋属金，金色白，故以白形容秋露。

【秋分】
9月22—24日

山明水净夜来霜，数树深红出浅黄。
——唐·刘禹锡《秋词二首（其二）》
秋分这天太阳光直射地球赤道，全球各地昼夜等长。

【寒露】
10月8—9日

波漂菰米沈云黑，露冷莲房坠粉红。
——唐·杜甫《秋兴八首（其七）》
寒露时节，秋意渐浓。

【霜降】
10月23—24日

霜草苍苍虫切切，村南村北行人绝。
——唐·白居易《村夜》
霜降表示气温骤降、昼夜温差大，霜降节气后，深秋景象明显。

夏

【立夏】
5月5—7日

竹摇清影罩幽窗,两两时禽噪夕阳。
——宋·朱淑真《初夏》
立夏后,日照增加,逐渐升温,雷雨增多,万物正式进入旺盛的生长期。

【小满】
5月20—22日

玉历检来知小满,又愁阴久碍蚕眠。
——宋·赵蕃《自桃川至辰州绝句四十有二（其三十二）》
小满中的"满",一是指雨水充盈,二是指小麦籽粒已开始饱满,但还没有成熟。

【芒种】
6月5—7日

乙酉甲申雷雨惊,乘除却贺芒种晴。
——宋·范成大《梅雨五绝（其二）》
芒种,指"有芒之谷类作物可种",也称"忙种",预示着要开始忙碌的田间生活。

【夏至】
6月21—22日

漠漠水田飞白鹭,阴阴夏木啭黄鹂。
——唐·王维《积雨辋川庄作》
夏至这天太阳光直射北回归线,此后太阳直射点南移。

【小暑】
7月6—8日

幸有心期当小暑,葛衣纱帽望回车。
——唐·韩翃《赠别王侍御赴上都》
暑是炎热的意思,小暑为小热,指天气开始炎热,但还没到最热。

【大暑】
7月22—24日

竹风荷雨来消暑,
玉李冰瓜可疗饥。
——宋·晁补之《鹧鸪天·杜四侍郎郡君十二姑生日》
"小暑大暑,上蒸下煮",大暑,指炎热至极。

【立春】
2月3—5日

春盘春酒年年好，试戴银幡判醉倒。
——宋·陆游《木兰花·立春日作》
立春为二十四节气之首，代表冬季已过去，万物开始复苏。

【雨水】
2月18—20日

好雨知时节，当春乃发生。
——唐·杜甫《春夜喜雨》
雨水的含义是降雨开始，此时忽冷忽热，乍暖还寒。

【惊蛰】
3月5—7日

闻道新年入山里，蛰虫惊动春风起。
——唐·卢仝《走笔谢孟谏议寄新茶》
惊蛰时节，春雷始鸣，惊醒蛰伏于地下越冬的蛰虫。

【春分】
3月20—21日

等闲识得东风面，万紫千红总是春。
——宋·朱熹《春日》
春分这天太阳直射赤道，南北半球昼夜平分，这时天气暖和、雨水充沛、阳光明媚。

【清明】
4月4—6日

清明时节雨纷纷，路上行人欲断魂。
——唐·杜牧《清明》
清明时节，阳光明媚、草木萌动，自然界呈现生机勃勃的景象。

【谷雨】
4月19—21日

落絮游丝三月候，风吹雨洗一城花。
——宋·黄庭坚《见二十弟倡和花字漫兴五首（其一）》
"雨生百谷"，此时降水明显增加，谷类作物能茁壮成长。

附录三 创意长页：

走进二十四节气

大家好，我是神话传说中的春神——句芒（gōumáng），我主管树木花草的发芽生长。我们的老祖先把一年分成二十四个节气，用来指导农时耕作，春种、夏长、秋收、冬藏，每一个节气都有自己的规律。下面，就由我带领大家走进二十四节气，感受老祖先的伟大智慧吧。

附录四 编辑及分工

书　名	加工内容	编辑审读	专家审读
向月球南极进军	统　稿：刘晓庆	陆彩云　徐家春　刘晓庆 李　婧　张　珑　彭喜英 赵蔚然	黄　洋
火星取样返回	统　稿：徐家春	徐家春　吴　烁　顾冰峰 张　珑　曹婧文　赵蔚然	王　聪
载人登陆火星	统　稿：徐家春	徐家春　李　婧　顾冰峰 张　珑　徐　凡　赵蔚然	贾　睿
探秘天宫课堂	统　稿：徐家春 插图设计：徐家春 赵蔚然	徐家春　曹婧文　彭喜英 张　珑　徐　凡　赵蔚然	黄　洋
跟着羲和号去逐日	统　稿：徐家春 插图设计：徐家春 赵蔚然	徐家春　许　波　刘晓庆 张　珑　曹婧文　赵蔚然	王　聪
恒星世界	统　稿：赵蔚然	徐家春　徐　凡　高　源 张　珑　彭喜英　赵蔚然	贾贵山
东有启明 ——中国古代天文学家	统　稿：徐家春 插图设计：赵蔚然 徐家春	田　姝　徐家春　顾冰峰 张　珑　高　源　赵蔚然	李　亮
群星族谱 ——星表的历史	统　稿：徐家春	徐家春　曹婧文　彭喜英 张　珑　高　源　赵蔚然	李　良 李　亮
宇宙明珠 ——星系团	统　稿：徐家春	徐家春　彭喜英　曹婧文 张　珑　徐　凡　赵蔚然	李　良 贾贵山
跟着郭守敬望远镜 探索宇宙	统　稿：徐家春	徐家春　高　源　徐　凡 张　珑　许　波　赵蔚然	黄　洋
航天梦·中国梦 （挂图）	统　稿：赵蔚然 版式设计：赵蔚然	徐　凡　彭喜英　张　珑 高　源　赵蔚然	李　良 郑建川